ANNABEL BREITKREUZ

WILD.
FREI.
Authentisch.

AUFBRUCH INS
ABENTEUER FAMILIE

BRUNNEN
Verlag GmbH · Giessen

ANNABEL BREITKREUZ, Jahrgang 1993, ist verheiratet und Mutter von 2 Kindern. Sie lebt mit ihrer Familie in Süddeutschland. Nach dem Studium (Empirische Kulturwissenschaft und Soziologie) hat sie als Redakteurin für Radio, TV und Online gearbeitet. Auf ihrem Blog brezelzeit.com schreibt sie regelmäßig über die Höhen und Tiefen ihres Lebens als Mama. Sie sagt über sich selbst: „Ich liebe es, Menschen zu begegnen. Bei Wein oder Kaffee und vor allem bei ehrlichen, tiefgehenden Gesprächen. Ich schaue gern hinter die Oberfläche und fasse Erkenntnisse in Worte."

© 2023 Brunnen Verlag GmbH, Gießen
Lektorat: Stefan Loß
Umschlagfotos: Christina Weitze (Lichtglück Fotografie), Annabel Breitkreuz
Umschlagillustrationen: AdobeStock
Fotos Kapitelanfänge: Annabel Breitkreuz
Fotos Interviewpartner: Alyssa Schwarz: © Christina Weitze (Lichtglück Fotografie); Flo Mack: privat; Franziska Klein: © Sarah Bergfeld Photography; Gero Dusil: © Stefanie Hanke; Jenni Terlitzki: © josylous; Katharina Mutzbauer: © Tiffany Maaßen; Manuela Bischof: privat; Marlena Garnich: privat; Mirjam Eisenhardt: privat; Rebecca Schönheit: privat; Timo Scheven: © gella&timo
Gestaltung und Satz: Daniela Sprenger
Druck: Finidr, Tschechien
ISBN Buch: 978-3-7655-2158-4
ISBN E-Book: 978-3-7655-7698-0
www.brunnen-verlag.de

Für dich.

FÜR DEINEN AUFBRUCH.

FÜR DEIN NÄCHSTES ABENTEUER.

Inhalt

Vorwort:
LASS MAL AUFBRECHEN

Ich trinke nie meine Kaffeetasse leer. Niemals. Auch, wenn der Kaffee noch so gut ist. Es bleibt immer ein kleiner Schluck am Boden der Tasse übrig. Mein Mann, in diesem Buch trägt er den charmanten Titel „Ehemann T", schüttelt darüber regelmäßig verständnislos den Kopf. Für mich ist das nicht bloß eine schlechte Angewohnheit. Ganz im Gegenteil: Ich mache das bewusst so. Denn ich liebe das Gefühl, den Kaffee-Moment dadurch nicht beenden zu müssen, noch etwas länger einfach dasitzen, nachdenken und genießen zu können. Besonders dann, wenn ich dabei den Blick in die Natur schweifen lassen kann und keine Häuser oder Mülltonnen in meinem Sichtfeld sind. Und ganz besonders dann, wenn es der allererste Kaffee am Morgen ist: Wenn alles um mich herum ruhig und der Kopf noch leer ist. Wenn der Tag frei vor mir liegt und nur darauf wartet, von mir gefüllt zu werden. Wenn der Boden vom Tau noch feucht ist und die Sonnenstrahlen schwach, aber spürbar sind. Dieses Gefühl ist es mir wert, dass ich morgens vor allen anderen Familienmitgliedern aus dem gemütlichen, warmen Bett in unserem Camper-Van schlüpfe, die Schiebetüre leise aufschiebe und mich mit dem heißen Kaffeebecher in der Hand in die Kühle nach draußen setze.

Ich kann nicht genau sagen, wie viele Tassen ich in den letzten Jahren in dieser Perfektion genossen habe. Es waren definitiv sehr viele: Sehr viele frühe Morgenstunden, sehr viel feuchter Tau an meinen nackten Füßen und entsprechend viele Nächte, die wir in unserem Van mit dem grandiosen Namen Knut geschlafen haben.

Knut, das ist ein Fiat Ducato Kastenwagen, den ich und Ehemann T zu einem Wohnmobil ausgebaut haben. Mit Knut sind wir in das Abenteuer Familie gestartet. Wir sind mit ihm innerhalb der ersten Lebensmonate unseres ersten Sohnes Klein P durch insgesamt zehn Länder gereist. Nicht an einem Stück, sondern immer wieder in Etappen: Mal nur übers Wochenende für einen kurzen Tapetenwechsel; mal als längere Urlaubsauszeit und mal viele Wochen am Stück in unseren Elternzeitmonaten. Ich habe in dieser Zeit mehr von meiner Umgebung und von Europa gesehen als in all den Jahren zuvor. Doch mehr als jeder noch so besondere Ort, den wir entdecken durften, hat mich beeindruckt, welche innere Reise wir als Familie in dieser Zeit hinter uns gebracht haben.

Besonders unsere allererste Elternzeitreise werde ich so schnell nicht vergessen. Klein P war damals knapp zwei Monate alt, als wir einmal quer durch Schweden und Norwegen, vorbei an Rentieren und Fjorden, über den Polarkreis und zurückfuhren. Wir waren neu im Eltern-Business, hatten wenig Ahnung und uns kein Know-how angelesen. Dieser Roadtrip ist mir als eine Reise in Erinnerung, in der wir uns als Eltern einfach ausprobiert haben. Das tat so gut! Und hat uns eine ordentliche Portion Vorfreude auf eine Zukunft als Familie gegeben. Oder anders gesagt: Wir bekamen einen Vorgeschmack davon, wie viele wunderschöne Möglichkeiten der neue Lebensabschnitt für uns bereithält, wenn wir uns erlauben, den eigenen Weg einzuschlagen.

Dieser skandinavische Aufbruch in das Abenteuer Familie liegt nun über zwei Jahre hinter uns. Mittlerweile ist auch Mini O, unser zweiter Sohn, Teil der Travel-Crew. Neulich mussten wir schmunzelnd feststellen, dass wir neuerdings sogar gerne mal ein Wochenende zu Hause

WIR BEKAMEN EINEN VORGESCHMACK DAVON, WIE VIELE WUNDERSCHÖNE MÖGLICHKEITEN DER NEUE LEBENSABSCHNITT FÜR UNS BEREITHÄLT, WENN WIR UNS ERLAUBEN, DEN EIGENEN WEG EINZUSCHLAGEN.

verbringen, anstatt auf den Straßen Europas. Und uns wurde dabei bewusst, dass es keine große Reise braucht, um das Schöne, den Genuss, die Leichtigkeit und die Freude in dieser Lebensphase zu entdecken. Was es wirklich braucht, ist die Bereitschaft, den Start in das Familienleben als eine Chance zu sehen: Die Chance, das Leben frei zu gestalten, alle Schubladen, die im Zusammenhang mit diesem Kapitel stehen, geschlossen zu halten und sich nicht von den Erfahrungen oder Meinungen anderer entmutigen zu lassen. Und es braucht Zeit. Zeit, um Schritt für Schritt in die Veränderungen hineinzuwachsen, die Kinder ebenso mit sich bringen. Und Zeit, um zu entdecken, was die eigenen Werte und Vorstellungen im Kontext Familie sind.

Ich würde es feiern, wenn dir mein Buch diese Zeit schenkt. Zeit, um dich kennenzulernen. Zeit, um herauszufinden, was dir im Leben wichtig ist. Zeit, um zu erkennen, wie du leben möchtest. Zeit für neue Perspektiven und andere Meinungen. Zeit zum Reflektieren und Ausprobieren. Und vielleicht hilft es dir auch dabei, eine fast leere Kaffee- oder Teetasse in der Hand zu halten und konsequent einfach nicht leer zu trinken.

Du kannst das Buch allein lesen oder gemeinsam mit deinem

Partner. Du kannst es von vorne nach hinten durchblättern oder dir gezielt das Thema raussuchen, das dich gerade bewegt: Such dir gerne deine eigene Route raus.

Ich freue mich sehr darüber, dass du dieses Buch in den Händen hältst!

Unabhängig davon, ob du bereits Kinder hast, das erste gerade erwartest oder dir grundlegend Gedanken darüber machst, ob dieser Schritt in Zukunft etwas für dich sein könnte oder nicht: Ich wünsche dir eine wunderbar wilde Reise – hin zu einem Leben, das sich für dich authentisch und frei anfühlt.

Lass mal das Schöne in dieser Zeit finden.

Lass mal aufbrechen.

Deine Annabel

Schwäbisch Hall, Mai 2023

PS. Neben Ehemann T, Klein P, Mini O und Knut ist da noch jemand, der von Anfang an bei unseren Familienreisen dabei war: Das ist Gott. Ich glaube, dass meine Existenz und unsere Familienkonstellation kein Zufall sind. Ich glaube an einen Gott, der mit uns auf den Straßen Europas unterwegs ist und mit mir meinen Morgenkaffee genießt. Es gibt ein paar Seiten in diesem Buch, da erzähle ich etwas mehr, was ich damit meine. Wenn dir das komisch vorkommt: Nimm es gern als Anlass, dir eine eigene Meinung zu bilden oder selbst Erfahrungen mit Gott zu sammeln. Vielleicht schwebst du aber auch auf einer ähnlichen Glaubenswelle wie ich: Dann wünsche ich dir, dass diese Zeilen dir und deiner Beziehung zu Gott Rückenwind geben.

PPS. Last, but not least sind da noch ein paar wunderbare Menschen, die mir ihre Worte für dieses Buch geliehen haben. Alyssa, Flo, Franziska, Gero, Jenni, Katharina, Manuela, Marlena, Mirjam, Rebecca und Timo: Eure Erfahrungen, Gedanken und Anregungen sind Gold wert! Danke, dass ich sie teilen darf.

Werte:

ZWISCHEN DEM, WAS ICH MÖCHTE, UND DEN ERWARTUNGEN ANDERER

„Du bist also auch so eine, die das Klopapier im Wald liegen lässt?!", meint er mit Blick auf Knut. Autsch, das saß! Nein, so eine bin ich nicht. Ich nutze das Klo im Van, denke ich verärgert. Obwohl die Aussage eigentlich nichts mit mir zu tun hat, trifft sie mich. Es lässt mich nicht kalt, wenn mir jemand unterstellt, ohne Umweltbewusstsein unterwegs zu sein. Und mir mit einer solchen Aussage spiegelt, dass es ihm nicht gefällt, wie ich Urlaub mache. Ich kann es generell nur schwer aushalten, wenn andere nicht mögen, wie ich lebe, und das, was mir wichtig ist, kritisieren.

Die folgenden Zeilen sind eine Ermutigung für dich und mich. Eine Ermutigung, den Fokus darauf zu legen, was uns im Leben wichtig ist, anstatt uns von der Meinung anderer abhängig zu machen. Eine Ermutigung, uns nicht durch Ablehnung und Gegenwind von dem abhalten zu lassen, was wir wollen. Auf geht's!

VON ALTEN, GRIMMIGEN DAMEN UND DURCHSTOCHENEN KNUT-REIFEN

Letzte Parklücke: Die schnapp ich mir! Siegesbewusst rangiere ich Knut in die freie Bucht am Straßenrand. Da reißt jemand neben mir die Haustür auf. Eine alte Dame läuft mit hochrotem Kopf zielstrebig auf mich zu: Das hier sei ihr Parkplatz. Sie möchte nicht so ein Riesending vor ihrer Tür stehen haben. Außerdem habe sie ein Geschäft im Haus, das könne niemand erkennen, wenn ich mit dem Monstrum davorstehe. Sie wedelt wild gestikulierend ihre Hände durch die Luft und gibt mir damit das Gefühl, dass ich gerade etwas sehr „Unerhörtes" tue, indem ich meinen Van auf einem öffentlichen Parkplatz abstelle. Ihre herrische unfreundliche Art schüchtert mich ein. Und da ich konfliktscheu bin, fahre ich weiter. Ohne eine Diskussion mit ihr darüber anzufangen, dass es eigentlich mein Recht ist, dort mein Auto zu parken. Schon wieder so eine doofe Situation, in der ich mich mit Knut ungerecht behandelt fühle. Erst neulich kam eine andere alte Dame ähnlich aufgebracht auf mich zugelaufen. Ich war gerade dabei, Knut auszuladen. Sie meinte, dass mich die Polizei suche. Ich war schockiert und fühlte mich ertappt und schuldig zugleich, ohne einen Grund dafür zu wissen. Das Gefühl verflog jedoch schnell wieder, als ich begriff, dass hinter der Aussage nichts als heiße Luft steckte. Das Gespräch mit der Dame verlief ungefähr so:

Ich: Warum sucht mich denn die Polizei?

Sie: Na, weil Sie hier einfach so parken.

Ich: Komisch, wo soll ich denn sonst parken? Das ist doch ein normaler öffentlicher Parkplatz.

Sie: Ja, aber nur für Menschen, die hier wohnen.

Ich: Das stimmt so nicht. Davon abgesehen: Ich wohne hier. Direkt gegenüber.

Sie: Ahhhh oohhhhhh aha.

Ich: Ich verstehe nicht, warum die Polizei nicht einfach bei mir geklingelt hat.

Sie: Wie soll denn die Polizei wissen, dass Sie hier wohnen?! Sie haben doch kein Kennzeichen von hier!

Ich: Hä? Das ist doch die Polizei! Wenn die das nicht wissen, wer sonst?

Und sie so: Ich wollte Sie nur warnen. Ich denke, es liegt daran, dass Ihr großes Auto andere Bewohner in der Straße stört.

AHA! Das war also der springende Punkt: Bewohner in dieser Straße – allen vorneweg mit hoher Wahrscheinlichkeit die Seniorin selbst – störten sich an meinem Auto. Ja, es ist groß. Ja, es sieht vielleicht nicht immer sehr gepflegt aus. Und ja, es ist ein Wohnmobil, in dem man übernachten kann. Aber das alles ist doch nicht die Legitimation dafür, mich so dreist anzulügen oder mir einen Parkplatz streitig zu machen. Ich fühlte mich nicht wohl dabei zu wissen, dass mich meine Nachbarschaft aufgrund meines Autos nicht zu mögen schien. Gleichzeitig ärgerte ich mich: Diese Polizeigeschichte war völliger – sorry für die Wortwahl an dieser Stelle – Bullshit. Knut durfte dort stehen. Keiner suchte mich. Ganz im Gegenteil: Kurz darauf – ich hatte mich noch nicht von dem Alten-Dame-Schreck erholt – war ich diejenige, die die Polizei einschalten musste. Denn eines Morgens fand ich den Autoreifen hinten rechts von Knut in einem sehr platten Zustand vor. Der Grund: zerstochen. So was passiere öfters in dieser Wohngegend bei großen Autos, meinte der Beamte nur achselzuckend. Na, Halleluja. Wir zogen einen neuen Reifen drauf, der kurz darauf wieder zerstochen wurde. Ich fühlte mich zunehmend unwohl. In dieser Zeit lernte ich in meiner Nachbarschaft ein Paar kennen, denen bereits acht Reifen an ihrem Wohnmobil zerstochen wurden. Ich war entsprechend nicht allzu traurig, als wir kurz darauf in eine andere Straße zogen.

Mir gingen die Reifengeschichte und auch die unfreundlichen Begegnungen mit den beiden Damen sehr nahe. Ich fühlte mich unglaublich ungerecht behandelt. Schlimmer als all die Arbeit und Kosten, die wir mit den neuen Autoreifen hatten, war für mich jedoch das Gefühl, das durch diese Ereignisse bei mir zurückblieb: Wir wollen dich hier mit deinem Wohnmobil nicht!

DAS PEOPLE-PLEASER-DILEMMA

Knut war zu diesem Zeitpunkt in meinem Leben mein ganzer Stolz: unser wunderschön ausgebautes Zuhause auf vier Rädern. Knut war als leerer, alter Kastenwagen in unsere Familie gekommen. Die Pläne für den Innenausbau hatte ich gemeinsam mit meinem Mann ausgetüftelt. Über Monate hinweg recherchierten wir dafür, trieben uns in Onlineforen herum und lasen Produktbewertungen. Wir sägten Fensterlöcher aus dem Blechdach, konzipierten ein Abwassersystem, isolierten die Wände, verlegten einen Fußboden, überlegten uns ein Duschsystem, nähten Vorhänge, installierten eine Solaranlage auf dem Dach und lernten, wie ein Stromkreislauf funktioniert. Jeden Nagel in diesem Auto schlugen wir selbst ein, jedes Stück Holz sägten, schliffen und strichen wir. Wir bauten Schubladen, ein Bett, eine Küchenzeile und einen ausziehbaren Esstisch. Dieser Ausbauprozess dauerte über ein Jahr. Jeden Samstag standen wir dafür in der Werkstatt und opferten auch unsere Urlaubstage sowie Feierabende für dieses Projekt. Das alles hätte ich niemals gemacht, wenn ich es nicht wirklich gewollt hätte. Doch Knut war genau das, was ich wollte, nämlich autark und frei reisen zu können und trotzdem meinen Wohlfühl-Ort immer dabeizuhaben.

Knut ist deshalb so viel mehr als bloß ein Reisemobil für mich. Er verkörpert ziemlich vieles von dem, was mir im Leben wichtig ist: Kreativität und Einfachheit, Abwechslung und Geborgenheit, Aufbrechen und Ankommen. So gesehen drückt Knut irgendwie auch ein bisschen aus, wer ich bin und für was ich stehe. Entsprechend tief war die Wunde, als mir diese Damen und der anonyme Reifenzerstecher klarmachten, dass ich so, wie ich bin, mit all dem, was mir wichtig ist, hier nicht gewollt war. Das tat weh.

Am Anfang war ich sehr bemüht, den Konflikt mit meiner Nachbarschaft nicht noch mehr eskalieren zu lassen. Ich parkte Knut zum Beispiel nur dort, wo er am wenigsten auffiel. Ich bin ein People-Pleaser. Ich würde es am liebsten jedem recht machen, sogar den grimmigsten Damen dieser Welt. Selbst solchen Menschen, die mir unhöflich und gemein begegnen. Doch bei diesem Konflikt musste ich irgendwann feststellen, dass ich Knut nicht vor den Augen der Nachbarschaft verstecken konnte. Er war einfach zu groß. Und auffällig. Und ich begriff, dass ich es in diesem Konflikt nie schaffen würde, jedem zu gefallen, wenn ich mir selbst treu bleiben wollte. Eine

> **ICH BEGRIFF, DASS ICH ES IN DIESEM KONFLIKT NIE SCHAFFEN WÜRDE, JEDEM ZU GEFALLEN, WENN ICH MIR SELBST TREU BLEIBEN WOLLTE.**

gute Gesprächspartnerin half mir letztlich dabei, meine Perspektive auf diese Situation zu ändern: Nämlich den Blick von dem wegzunehmen, was ich ändern könnte, hin zu dem, was ich nicht ändern muss. Ich kann keine Verantwortung dafür übernehmen, was mein Handeln oder in diesem Fall mein Besitz für Gefühle bei anderen auslöst. Vielleicht war es Unmut, Neid, Angst vor etwas Neuem oder die Sorge, zu kurz zu kommen: Irgendetwas schienen Knut und ich bei den Menschen in meiner Nachbarschaft zu triggern. Doch all diese Emotionen hatten in ihrem Ursprung nichts mit mir und Knut zu tun. Dafür konnte ich keine Verantwortung übernehmen und musste auch keine Lösung finden. Das waren Themen, die die Damen und Herren selbst für sich klären mussten. Dieser Gedanke befreite mich ungemein. So kam ich langsam Schritt für Schritt wieder zurück zu der Überzeugung, dass ich genauso sein darf, wie ich bin. Und dass ich Knut nicht im letzten Eck der Straße verstecken muss.

WAS PASSIERT, WENN ICH NICHT ALLEN GEFALLEN MÖCHTE

Manchmal stelle ich mir vor, ich hätte mich von den „Waldverschmutzer"-Vorurteilen gegenüber Campern, von den zerstochenen Reifen oder der fehlenden Wohnmobil-Toleranz in meiner Straße abschrecken lassen. Dann hätte es dieses wunderschöne, einzigartige Vanlife-Kapitel in meinem Leben womöglich nicht gegeben. Dann wäre ich nicht abends in eiskalte Fjorde gesprungen und hätte so viele wunderbare unterschiedliche Menschen kennenlernen dürfen. Dann wäre ich nicht über den Polarkreis gefahren, hätte nicht dort den Sommer verbracht, wo die Sonne niemals untergeht, hätte nicht zufällig atemberaubende Wasserfälle in Kroatien entdeckt oder die erste Erdbeerernte in Montenegro genießen können. Ich wäre keinen Rentieren auf der Straße begegnet, wäre nicht die Schweizer Berge runtergeheizt oder hätte nicht auf Sardinien in einsamen Buchten übernachtet. Wäre es nicht zutiefst schade und beschämend zugleich gewesen, wenn ich all das verpasst hätte, nur weil ich es allen recht machen wollte?

Ich wohne mittlerweile in einer anderen Straße. Doch das Thema, von allen gemocht werden zu wollen, ist noch lange nicht durch für mich. Ich finde mich immer wieder in Situationen wieder, in denen ich damit konfrontiert bin, dass es nicht jedem gefällt, wie ich mein Leben gestalte, und mich das sehr aufwühlt. Besonders seitdem ich Kinder habe, werden die Erwartungen und Meinungen, die von außen an mich als Mutter herangetragen werden, immer mehr. Sich von diesen Vorstellungen und Ansprüchen zu distanzieren, ist harte Arbeit für mich. Ich muss mich immer wieder darauf fokussieren, dass es im Leben nicht darum geht, es anderen recht zu machen; sondern es so zu machen, dass es für mich und meine Familie gut ist. Damit meine ich nicht, dass ich die Wünsche von anderen nicht respektiere oder ehrlich gemeinte Kritik nicht prüfe. Ich meine auch nicht, dass ich mich bewusst gegen alle anderen Meinungen stelle. Ich meine damit bloß: Wenn etwas mein Herz höherschlagen lässt, wenn mir etwas richtig wichtig im Leben ist, dann sollten mich durchstochene Reifen oder schimpfende Nachbarn nicht abschrecken, sondern bloß daran erinnern, dass mein Traum nicht der Traum von jemand anderem ist – und das ist auch okay so.

Ich glaube, die grimmigen Damen dieser Welt dürfen sich

> **WENN ETWAS MEIN HERZ HÖHERSCHLAGEN LÄSST, WENN MIR ETWAS RICHTIG WICHTIG IM LEBEN IST, DANN SOLLTEN MICH DURCHSTOCHENE REIFEN ODER SCHIMPFENDE NACHBARN NICHT ABSCHRECKEN, SONDERN BLOSS DARAN ERINNERN, DASS MEIN TRAUM NICHT DER TRAUM VON JEMAND ANDEREM IST – UND DAS IST AUCH OKAY SO.**

in Zukunft eine ordentliche Portion mehr mit ihrem anstatt mit meinem Leben beschäftigen. Und ich darf lernen, Reifen selbst auf mein großes Auto zu ziehen. Dann spar ich mir beim nächsten Mal schon mal die Werkstattkosten.

ZUM WEITERDENKEN:

Fokussiert auf das, was dir im Leben wichtig ist

ZEIT FÜR DEINE WERTE

Wenn ich mich nicht an dem orientiere, was anderen gefällt oder von mir erwarten, woran dann? Woher weiß ich, was mir selbst wichtig ist, ohne dafür das Leben anderer zu betrachten? Wie kann ich mein Leben nach meinen eigenen Vorstellungen gestalten?

Die Antwort ist eigentlich simpel: Ich muss wissen, was ich selbst will. Um das herauszufinden, hilft es, tief in den Bauch hineinzuhören, eigene Impulse wahrzunehmen und die eigenen Ideale kennenzulernen.

Werte sind eine wunderbare Möglichkeit, um all das, was mich ausmacht, auf den Punkt zu bringen: Meine Neugierde für bestimmte Themen; Leidenschaften, bei denen ich die Zeit vergesse; Vorlieben und Interessen, die meinen Charakter ausmachen. Werte geben mir Orientierung, wenn ich vor schweren Entscheidungen stehe. Werte helfen mir, mich darauf zu fokussieren, wie ich leben möchte.

Die folgende Liste soll dir dabei helfen, deine Werte zu erkennen. Markiere dafür zunächst alle Wörter, die dich ansprechen, mit denen du dich wohlfühlst und bei denen es dich schmerzen würde, wenn sie nicht Teil deines Lebens wären. Versuche anschließend, dich auf die fünf Werte zu konzentrieren, die dir am wichtigsten sind.

- ABENTEUERLUST
- ABWECHSLUNG
- ACHTSAMKEIT
- AKTIVITÄT
- AUFMERKSAMKEIT
- ANERKENNUNG
- AUTHENTIZITÄT
- BALANCE
- BELIEBTHEIT
- BESCHEIDENHEIT
- DANKBARKEIT
- DEMUT
- DISZIPLIN
- EFFEKTIVITÄT
- EFFIZIENZ
- EHRLICHKEIT
- ENGAGEMENT
- EMPATHIE
- ERFOLG
- FAMILIE
- FLEXIBILITÄT
- FREUNDLICHKEIT
- FREUNDSCHAFT

- FREIHEIT
- FRIEDEN
- FÜRSORGLICHKEIT
- GEDULD
- GELASSENHEIT
- GEMÜTLICHKEIT
- GEHORSAM
- GERECHTIGKEIT
- GESUNDHEIT
- GLAUBWÜRDIGKEIT
- GROSSZÜGIGKEIT
- HARMONIE
- HILFSBEREITSCHAFT
- HINGABE
- HOFFNUNG
- HUMOR
- IDEALISMUS
- INDIVIDUALITÄT
- INNERE RUHE
- KONTROLLE
- KREATIVITÄT
- LEICHTIGKEIT
- LEIDENSCHAFT

○ LERNBEREITSCHAFT	○ SENSIBILITÄT
○ LIEBE	○ SICHERHEIT
○ LOYALITÄT	○ SOLIDARITÄT
○ MACHT	○ SPARSAMKEIT
○ MITGEFÜHL	○ SPASS
○ MUT	○ SPIRITUALITÄT
○ NACHHALTIGKEIT	○ TEAMGEIST
○ NÄCHSTENLIEBE	○ TOLERANZ
○ NÄHE	○ TRADITION
○ NEUGIERDE	○ TREUE
○ OFFENHEIT	○ UNABHÄNGIGKEIT
○ OPTIMISMUS	○ VERLÄSSLICHKEIT
○ ORDNUNG	○ VERTRAUEN
○ PERFEKTION	○ WERTSCHÄTZUNG
○ PROFESSIONALITÄT	○ WEISHEIT
○ PÜNKTLICHKEIT	○ WEITSICHT
○ REALISMUS	○ WISSEN
○ RATIONALITÄT	○ WOHLSTAND
○ RESPEKT	○ WOHLWOLLEN
○ SANFTMUT	○ WÜRDE
○ SCHÖNHEIT	○ ZIELSTREBIGKEIT
○ SELBSTBESTIMMUNG	○ ZUGEHÖRIGKEIT
○ SELBSTVERTRAUEN	○ ZUVERLÄSSIGKEIT

MEINE TOP 5 WERTE:

1. _____

2. _____

3. _____

4. _____

5. _____

WANN UND WIE HABE ICH DIESE WERTE IN DEN LETZTEN WOCHEN
GELEBT? FINDE ICH ZU JEDEM WERT EIN KONKRETES BEISPIEL, WO
ER IN MEINEM LEBEN SICHTBAR WIRD?

1. _____

2. _____

3. _____

4. _____

5. _____

DIESER WERT MEINER TOP 5 HAT BISHER NOCH KEINE SICHTBARKEIT
IN MEINEM LEBEN:

DAS HÄLT MICH ZURÜCK, IHM PLATZ IN MEINEM LEBEN ZU GEBEN (WIE ZUM BEISPIEL DIE ANERKENNUNG ANDERER ODER DIE ANGST, ETWAS FALSCHES ZU TUN):

AUF DIESE WEISE MÖCHTE ICH DEM WERT MEHR RAUM IN MEINEM LEBEN GEBEN:

ZUM WEITERDENKEN ALS PAAR:

Welche Werte-Überschneidungen bestehen bei uns? Wie wollen wir diese Werte leben? Sind das auch die Werte, die wir an unsere Kinder weitergeben möchten?

Freizeit:
ZWISCHEN GRENZEN UND FREIHEIT

Als Klein P knapp 14 Monate alt war, starteten wir in die zweite große Elternzeitreise mit Knut. Wir setzten mit der Fähre von Italien nach Griechenland über und verbrachten dort die meiste Zeit auf der traumhaft schönen Insel Lefkada. Für den Rückweg schlugen wir den Landweg über den Balkan ein. Relativ am Anfang dieses Roadtrips begegneten wir einem deutschen Paar, das ebenfalls diese Strecke mit dem Wohnmobil vor sich hatte. Wir kamen schnell in den üblichen Camper-Smalltalk über Routen, Wetter und Restaurant-Empfehlungen. Irgendwann warf der ältere Herr einen neugierigen Blick durch das Autofenster auf unseren Sohn. Dann betrachtete er kurz meinen Bauch, der mittlerweile eine deutliche Wölbung vorwies, sodass ohne Zweifel klar war, dass darin etwas Größeres als bloß ein paar Cevapcici Platz gefunden hatte. Anschließend sagte er etwas, was ihn einige Nettigkeits-Punkte auf meiner Skala kostete: „Ach so, ihr habt Kinder. So frei seid ihr ja gar nicht mehr unterwegs."

Wow! Danke, für diese Packung Salz in meiner Wunde, dachte ich in dem Moment. Denn natürlich hatte ich zu diesem Zeitpunkt schon damit zu kämpfen, dass wir bei unseren Reisen immer unflexibler und stark von den Bedürfnissen unseres Kindes und meiner Schwangerschaft bestimmt wurden. Auf der anderen Seite konnte und wollte ich diese Aussage so nicht stehen lassen. Ich erinnerte mich an eine Erfahrung, die ich knapp ein Jahr zuvor in Schweden gemacht hatte und die mein Denken über das Frei-sein oder Unfrei-sein in der Elternschaft bis heute prägt. Auf den nächsten Seiten erzähle ich dir mehr davon. Außerdem findest du in diesem Kapitel Anregungen, wie du trotz aller Einschränkungen, die ein Leben mit Kindern mit sich bringt, deinen Wünschen, Hobbys und Leidenschaften nachgehen kannst.

EIN ANGELTRIP MIT ÜBERLÄNGE

Ich sitze vor Knut auf meinem Campingstuhl, Klein P mit seinen zarten drei Monaten liegt in meinem Arm. Wir befinden uns auf einem Stellplatz in der Nähe der Stadt Östersund, einer meiner absoluten Lieblingsregionen in Schweden. Ehemann T ist gemeinsam mit anderen Campern, die in angenehmer Entfernung von uns ihren Van geparkt haben, mit dem Boot auf dem See unterwegs. Ihre Mission: Fische für das gemeinsame Abendessen angeln. Ich bleibe mit Klein P an Land und übernehme den Babysitter-Job. Beim Angeln bin ich ohnehin nicht die größte Hilfe. Fische sehe ich am liebsten im Wasser. Oder fertig zubereitet auf dem Grill. Bei allem, was zwischendrin passiert, inklusive Schuppen entfernen und Innereien ausnehmen, muss ich nicht dabei sein. Es ekelt mich, wenn ich einen Fisch am Haken zappeln sehe. Und dann dieser heftige Schlag auf den Kopf: Brrr, nichts für meine zarten Nerven. Zufrieden über die Aufgabenteilung genieße ich also den Nachmittag.

Doch dann kommt eins zum anderen und wie das manchmal so bei mir ist, rutscht meine Stimmung urplötzlich in den Keller. Den ersten Anstoß dafür gibt mir ein Schwarm Stechmücken, der mich für sein verfrühtes Abendessen ausgewählt hat. Genervt kratze ich meine juckenden Beine und Arme, obwohl ich weiß, dass dadurch Wunden entstehen, die alles nur noch schlimmer machen. Noch unangenehmer als die Wunden auf meiner Haut empfinde ich jedoch die Wunde in meinem Herzen, die sich auftut, als ich vom See lautes Jubeln höre. Neidisch beobachte ich das Boot, auf dem Ehemann T und die anderen Camper sitzen. Es schippert nach wie vor im Sonnenschein, während mich mittlerweile kein einziger Strahl mehr erreicht.

Auf dem Boot herrscht super Stimmung, es wird gelacht und zwei der Hobbyangler klatschen sich begeistert ab. Da wird ein Fisch angebissen haben, denke ich. Aber so richtig mitfreuen kann ich mich nicht. In diesem Moment habe ich – wie so oft in meiner Mama-Karriere – das Gefühl, bei etwas nicht dabei sein zu können und einen schönen Moment zu verpassen, weil ich mich um das Baby kümmern muss. Bis eben konnte ich den Nachmittag genießen. Jetzt aber, wo ich sehe und höre, was für eine gute Zeit die Angelcrew gerade auf dem Boot hat, fühle ich mich hier an Land wie gefangen. Ich wäre gern auch dort draußen auf dem See.

WENN DER SCHMALSTE WEG ZUM SCHÖNSTEN ORT FÜHRT

Ich erinnere mich noch genau, wie ich damals vor Knut sitzend schließlich nur noch darauf wartete, dass die anderen von ihrer Tour zurückkamen. Nicht, weil ich Hunger auf Fisch hatte, sondern einfach nur, weil ich ihnen den Ausflug nicht gönnte. Ich gönnte es ihnen nicht, dort draußen die Sonne zu genießen und gemeinsame Erfolgserlebnisse zu sammeln, während ich Klein P auf dem Arm halten musste. Warum war das immer so? Warum musste ich so oft zurückbleiben?

Mit jeder Minute, die sie länger auf dem See verbrachten, wurde meine Stimmung nur noch mieser. Ich saß da und arbeitete an einer perfekten Version meines Schmollmundes. Er sollte sitzen, sobald mein Mann zurück an Land kommen würde. Denn ein Hauch Mitleid würde mir jetzt sicher guttun, dachte ich. Klein P beobachtete, wie ich meinen Mund verzog, und ich konnte von seiner gerunzelten Stirn ablesen, dass er zu zweifeln begann, wer von uns beiden erwachsener war. Irgendwann saß zwar mein Schmollmund, aber das Boot war nach wie vor weit draußen auf dem See unterwegs. Sie schienen sich nicht mit einem Fisch zufriedenzugeben, musste ich feststellen. Für das Abendessen gut. Für meine aktuelle Stimmung eher nicht so.

Klein P begann immer mehr zu jammern und spiegelte mir damit meinen eigenen Gemütszustand. Schließlich konnte ich das Warten nicht länger ertragen und packte meinen Sohn in die Trage, um eine Runde spazieren zu gehen. Zunächst noch völlig demotiviert und in negative Gedanken versunken, lief ich einen schmalen Waldpfad entlang, der hinter unserem Stellplatz begann. Das Gefühl, dass andere mit Vollgas im Leben unterwegs waren, während ich dazu verdammt war, von der Tribüne aus zuzusehen, lag schwer auf meinen Schultern. Das fühlte sich nicht gut an. Ich lief und lief, um irgendwie aus meiner miesen Stimmung herauszukommen. Denn ich wusste ja, dass das nur eine kleine Momentaufnahme war. Dass ich beim nächsten Mal auf dem Boot mit dabei sein könnte und Ehemann T sich um Klein P kümmern würde. Ich wusste, dass mein Leben nicht immer so aussah, dass ich nicht immer die bin, die warten und zurückstecken musste. Trotzdem fühlte es sich in dem Moment so an.

> **DAS GEFÜHL, DASS ANDERE MIT VOLLGAS IM LEBEN UNTERWEGS WAREN, WÄHREND ICH DAZU VERDAMMT WAR, VON DER TRIBÜNE AUS ZUZUSEHEN, LAG SCHWER AUF MEINEN SCHULTERN.**

WENIGER WARTEN, MEHR LEBEN

Laufen ist für mich immer eine gute Art von Therapie. Dabei kann ich negative Gefühle durchdenken und im besten Fall sogar abschütteln. Diesmal waren die schweren Gedanken sehr hartnäckig. Es dauerte fast zwei Stunden, bis sich mein Inneres etwas beruhigte und ich den Fokus endlich von meinem Selbstmitleid wegnehmen konnte. Erst dann begann ich langsam meine Umgebung wahrzunehmen. Und wow, war die schön! Ich entdeckte Blaubeeren am Wegrand und bemerkte, wie zwischen den Bäumen die Sonne wieder durchblinzelte. Auf einmal bekam ich Hoffnung: Könnte es sein, dass ich gerade ungeplant der Sonne hinterherlief? Und tatsächlich, als ich aus dem Wald herauskam, wurde ich von einem wunderschönen Sonnuntergang auf der anderen Seeseite überrascht. Klein P schlief mittlerweile friedlich in der Trage und ich setzte mich eine Weile auf den Steg, der wie extra für mich gebaut dort stand, und ließ die Füße im aufgewärmten See baumeln. Ich hatte bis dato schon einige Wochen die schwedische Landschaft mit ihren Seen, Wäldern und Sonnenuntergängen genossen. Man könnte meinen, ich hätte mich mittlerweile an den Anblick gewöhnt. Aber in dem Moment war ich so berührt, dass mich Gänsehaut überkam. Ich bekomme heute noch Gänsehaut, wenn ich an diese Schönheit zurückdenke.

Heftig, dass ich diesen Gänsehaut-Moment nicht erlebt hätte, wenn ich schmollend am Van sitzen geblieben wäre. Wenn ich weiterhin nur über das Wasser zum Boot hingeblickt hätte; zu dem, was die anderen gerade erleben. Ich habe manchmal den Eindruck, meine Kinder würden mich einschränken, wenn es darum geht, wie ich meine Freizeit gestalte. Manchmal ist das auch so. Aber nicht immer. Noch häufiger sitze ich schmollend da, versinke in Selbstmitleid und begrenze mich auf diese Weise selbst. An diesem Stellplatz bei Östersund habe ich ein Stück-

> **FREIHEIT ERLEBE ICH, WENN ICH AUFHÖRE, MICH ZU VERGLEICHEN; WENN ICH AUFHÖRE, MEINE STIMMUNG DAVON ABHÄNGIG ZU MACHEN, WAS ANDERE TUN.**

chen mehr begriffen, was es bedeutet, frei zu leben. Denn Freiheit erlebe ich, wenn ich aufhöre, mich zu vergleichen; wenn ich aufhöre, meine Stimmung davon abhängig zu machen, was andere tun. Freiheit erlebe ich, wenn ich die Möglichkeiten, die ich habe, auskoste – unabhängig davon, was dort draußen auf dem See passiert.

Als ich damals von meinem Spaziergang zu Knut zurückkam, lag der frisch gefangene Fisch bereits auf dem Grill. Vor lauter Glückseligkeit über das, was ich erlebt hatte, vergaß ich, meinen perfekt eingeübten Schmollmund zum Einsatz zu bringen. Freiheit bedeutet seitdem für mich auch, keinen Grund für einen Schmollmund zu haben.

ZUM BEISPIEL:
Freiheit spüren – trotz und mit Familie

WIE LASSEN SICH EIGENE WÜNSCHE UND LEIDENSCHAFTEN MIT DEM FAMILIENLEBEN KOMBINIEREN?

Wie schön wäre es, wenn mein Gefühlstief eine schwedische Ausnahme geblieben wäre. Aber Fakt ist: Es passiert mir immer wieder, dass ich frustriert in Selbstmitleid versinke, wenn ich bei etwas nicht dabei sein kann oder etwas nicht mehr so einfach möglich ist wie in der Zeit ohne Kinder. Alyssa Schwarz und Katharina Mutzbauer haben mir erzählt, wie sie es schaffen, nicht bei der Frustration stehen zu bleiben. Sie geben wertvolle Denkanstöße, wie es gelingen kann, Wünsche und Leidenschaften in das volle Familienleben zu integrieren.

Nach neuen Wegen suchen

ALYSSA SCHWARZ

ist Mutter von drei Kindern, Influencerin und Expertin in Sachen Respectful Parenting

www.wholehearted-home.com
wholehearted.home

„Ich war neulich mit anderen Frauen im Urlaub und hatte als einzige meine Kinder dabei. Zwar ist meine Schwiegermutter als Unterstützung mitgereist, aber es gab trotzdem Momente, in denen mich meine Töchter gebraucht haben. Eine Situation ist mir besonders prägend in Erinnerung geblieben: Ich war dabei, meine Tochter zum Mittagsschlaf hinzulegen, als ich auf meinem Handy in der Chat-Gruppe von uns Frauen las, dass sich nun alle – außer eben mir – nach einem Spaziergang am Strand in einem Café treffen. Ich dachte in dem Moment: Macht doch bitte irgendetwas anderes. Etwas, was mir nicht so wehtut, wenn ich nicht dabei sein kann! Das fiel mir echt nicht leicht. In der Situation hat es mir geholfen, meinen Wunsch zuzulassen. Ich wollte mein Kind ins Bett bringen und ich wollte auch mit in das Café gehen. Beides war Teil von mir. Beides darf sein.

Ich bin mit einem Schwarz-Weiß-Denken aufgewachsen. Sätze wie ‚Du wolltest doch Kinder, jetzt hast du sie. Freu dich doch!‘ oder ‚Das andere, was du sonst noch haben möchtest und gerade nicht tun kannst, kommt schon irgendwann wieder.' haben mich geprägt. So leicht ist das Leben aber nicht. Nur weil ich Mutter bin, heißt das nicht, dass alle anderen Wünsche und Sehnsüchte einfach verschwinden. Ich finde es wichtig, das ernst zu nehmen und nicht kleinzureden.

Wenn ich etwas nicht machen kann oder nicht bekomme, weil es die Umstände nicht zulassen, dann lasse ich Raum für meine Trauer. Ich spreche mir dasselbe Verständnis zu, wie ich es auch bei meinen Kindern tue. Wenn mein Kind zum Beispiel enttäuscht ist, weil es kein Eis essen darf, dann lasse ich diese Enttäuschung zu. Ich sage sowas wie: Ich verstehe dich, du wünschst dir gerade sehr ein Eis, oder? Damit zeige ich Verständnis. Ich höre und sehe mein Kind mit seinen Wünschen, Emotionen und Bedürfnissen. Genauso versuche ich mich auch selbst durch den Frust zu begleiten. Außerdem überlege ich mir, was hinter dem Wunsch für ein Bedürfnis steckt. Denn in den meisten Fällen kann ich das Bedürfnis auch auf eine andere Art stillen, sodass es zu meinem Leben mit Kindern passt. Manchmal lässt sich der Wunsch auch in einer Art Mikro-Form umsetzen. Demnächst ist zum Beispiel mein 30. Geburtstag und ich würde am liebsten irgendwo in den Bergen in einer Hütte mit meinen Freundinnen feiern: ausgiebig frühstücken, wandern und Wellness machen – sowas wäre voll mein Ding. Da meine Freundinnen auch kleine Kinder haben, ist das momentan aber nicht realistisch. Ich habe mich deshalb entschieden, das gemeinsame Frühstücken, Wandern und Wellnessmachen so zu planen, dass es für mich und meine Freundinnen umsetzbar ist – und zwar indem wir all das hier in der Region anstatt in der Ferne in den Bergen machen. Solche alternativen Wege, um mir meine Wünsche zu erfüllen, machen mich total happy. Sie helfen mir, nicht zu glauben, dass mir meine Kinder alles wegnehmen."

Nicht auf den perfekten Moment warten. Einfach machen!

KATHARINA MUTZBAUER

ist Mutter von Zwillingen, Yoga-
lehrerin und angehende Pfarrerin

www.yogahimmelwaerts.de

koerper.poesie

„Durch die Geburt und das Wochenbett mit zwei sehr agilen
und hungrigen Jungs vor zwei Jahren hat sich bei mir richtig viel
verändert. Mit den Folgen des Kaiserschnitts kam ich körperlich
nicht gut zurecht: Starke Schmerzen, eine entzündete Narbe,
schmerzhafte Luft im Bauch, gerissene Haut und keinerlei Kontrolle über die Muskeln im gesamten Bauchraum. Ich erinnere
mich noch, wie ich circa sechs Wochen nach der Geburt das erste Mal auf meiner Yogamatte lag und mich vollkommen fremd
in meinem Körper gefühlt habe. Liegen und atmen war tatsächlich schon anstrengend für mich und ich habe mich da zum
ersten Mal wirklich begrenzt gefühlt: In meiner Bewegung, in
meiner Kraft, in meiner Yogapraxis. Ich trauerte um mein altes
Ich, um meinen alten, makellosen Körper. Und ich musste mich
zum ersten Mal selbst daran erinnern, was ich anderen Frauen
und Männern in meinen Yogakursen mitgebe: ‚Es ist okay, wenn
dein Körper eine Grenze hat. Es wird eine Form geben, die zu
deinem Körper genau jetzt passt.‘ – und das war bei mir nach der

Geburt eben langes Liegen und tief in den Rücken sowie Bauch Atmen. Ich habe da gelernt: auch das ist Yoga; mit Leidenschaft.

Bis heute schaffe ich es nicht mehr wie früher jeden Tag Yoga zu machen. Oft reicht es, wenn überhaupt, nur zu einer kurzen Runde auf der Matte spätabends, frühmorgens oder irgendwie zwischendurch. Das bedeutet außerdem immer auch Verzicht auf anderes: Schlaf, Nichtstun, mit Freunden telefonieren oder Ähnliches. Aber das ist es mir wert. Wir wohnen in einer kleinen Wohnung ohne Garten, Balkon, Arbeitszimmer oder Rückzugsraum. Deshalb sieht es oft so aus, dass ich eingequetscht zwischen Kleiderschrank und Kinderbett Yoga mache oder mein Mann auf dem Sofa liest und ich in der anderen Ecke meine Matte ausrolle. Ich habe mich von vielen Idealen verabschiedet, was sowohl mein Muttersein als auch meine Yogapraxis angeht. Deshalb ist mein Tipp an andere Eltern: Wartet nicht auf den perfekten, ruhigen Moment, in dem sich wieder alles so anfühlt, wie ihr es aus früheren Zeiten kennt! Dieser Moment wird wahrscheinlich sehr lange nicht kommen. Ich glaube, Kinder zu haben ist der krasseste Verzicht des Lebens. Kinder zu haben ist zu 99 Prozent nicht romantisch. Kinder zu haben heißt, sehr viel gegen den inneren Schweinehund zu agieren, jeden Tag, weil man muss. Als Mama und Papa muss man für eigene Leidenschaften oft kontraintuitiv handeln und dann, wenn alles in einem sagt: ‚Das ist nicht genug Zeit!', ‚Ich muss doch noch aufräumen' ... einfach machen! Handy weg und die Zeit für sich nutzen, die man hat. Ich habe während meiner Elternzeit mein erstes Yogaretreat geplant und durchgeführt. Die Planung dafür bestand aus Hunderten dieser kurzen Zwischendurch-Momente. Für jede Pause nehme ich mir immer nur eine wichtige Sache vor. Nicht mehr. Denn wenn ich jeden Tag eine kleine Sache für meine Leidenschaft tue (und wenn das darin besteht, eine einzige Seite zu lesen), dann erlebe ich immer und immer wieder Erfolgsmomente – und das tut so gut."

ZUM WEITERDENKEN:

Wenn FOMO kickt – von der Angst etwas zu verpassen

ZEIT FÜR DEINE LISTE. ODER AUCH ZWEI.

FOMO (engl. fear of missing out), die Angst etwas zu verpassen, kickt mich nicht nur, wenn ich vor dem Van sitze und mein Mann ohne mich einen Fisch aus dem Wasser zieht. FOMO kickt mich noch heftiger, wenn ich auf Social Media rumhänge und die Menschen, die ich in meinem Handy sehe, etwas Spannenderes und Schöneres erleben als ich. Als Mutter von kleinen Kindern kommt das ehrlich gesagt ziemlich oft vor. Öfter als es mir lieb ist. Das einzig Richtige, was ich dann tun kann, ist das Handy wegzulegen und mich auf mein Leben zu konzentrieren, anstatt das von anderen zu beobachten. Klar. Plexiglasklar! Aber was, wenn um mich rum gerade nicht viel Besonderes und Weltbewegendes passiert? Was, wenn außer einem vollen Windelmülleimer, der geleert werden möchte, und Breiresten, die auf dem Boden kleben, nicht viel in meinem Sichtfeld ist?

In so Momenten hilft es mir, Vorfreude zu sammeln. Vorfreude auf alles, was ich mir vorgenommen haben. Ich führe Listen darüber, was ich in einem bestimmten Lebensabschnitt erleben möchte. Manchmal sind das konkrete Vorhaben. Manchmal Wünsche. Und manchmal große Träume. Manchmal geht es um einen Babymassagekurs, an dem ich teilnehmen will. Manchmal darum, mit dem Nachtzug durch Europa zu fahren.

Ich setze meinen Ideen ganz bewusst keine Grenzen. Denn es ist für mich auch okay, wenn ein Lebensabschnitt vorbei, aber die Liste nicht vollständig abgehakt ist. Mir geht es nicht um das Häkchen. Mir geht es darum, mich auf mein Leben zu konzentrieren und mich nicht im Leben anderer zu verlieren.

Momentan orientiere ich mich zum Beispiel an einer Liste, in der ich festgehalten habe, was ich im ersten Babyjahr mit Mini O erleben möchte. Parallel dazu gibt es aber auch eine Jahresliste für das komplette Kalenderjahr. Und dann schreibe ich gerade noch eine für die nächste Elternzeitreise …

Hier hast du die Möglichkeit, Vorfreude zu sammeln und dadurch etwas gegen das miese FOMO-Gefühl zu tun. Eine Frage, die mir beim Ausfüllen der Listen immer hilft, ist: Wann war ich auf etwas zuletzt neidisch? Neid ist prinzipiell nichts Schönes. Aber es kann ein Hinweis auf das sein, was ich ebenfalls möchte. Um meinen eigenen Wünschen näher zu kommen, hilft es mir außerdem, mich mit den großen Lebensfragen zu beschäftigen. Zum Beispiel: Wenn Status, Geld und Anerkennung keine Rolle spielen, wie würde ich meine Zeit verbringen? Oder: Auf welches Leben möchte ich später einmal zurückblicken können? Was muss ich heute dafür tun?

Und jetzt auf die Liste, fertig, los.
Viel Spaß beim Träumen, Wünschen und Umsetzen.

LISTE FÜR DAS NÄCHSTE JAHR
DAS MÖCHTE ICH IM JAHR .... ERLEBEN

FREIZEIT:

BERUF:

EHRENAMT:

FAMILIE:

FREUNDSCHAFTEN:

_____:

LISTE FÜR DIE NÄCHSTEN 5 JAHRE
DAS MÖCHTE ICH BIS ZUM JAHR .... ERLEBEN

FREIZEIT:

BERUF:

EHRENAMT:

FAMILIE:

FREUNDSCHAFTEN:

_____:

LISTE FÜR _____

DAS MÖCHTE ICH IN DIESER LEBENSPHASE ERLEBEN

FREIZEIT:

BERUF:

EHRENAMT:

FAMILIE:

FREUNDSCHAFTEN:

_____ :

3

Wohnen:
ZWISCHEN TRÄUMEN
UND REALITÄT

Ich saß gemeinsam mit einer Herzensfreundin in einem Café. Wir kennen uns aus dem Studium und sind seither unterschiedliche Wege durch die Welt gelaufen. Ich ging nach Frankfurt, sie blieb in Tübingen. Sie verbrachte viel Zeit auf den Philippinen, ich in Israel. Sie zog nach Hamburg, ich nach Nürnberg. Wir sahen uns kaum mehr als einmal im Jahr. Aber dieses eine Mal war für uns beide immer ein Freudenfest. Ich war kurz vor unserem Treffen aufs Dorf gezogen und schwanger mit Baby Nummer 2. Sie lebte nach wie vor in der Großstadt, ohne Kind. In einem tiefen, ernsten Moment unseres Gesprächs verriet sie mir: „Ich bekomme Angst, wenn ich daran denke, jetzt Kinder zu bekommen und aus Hamburg rausziehen zu müssen, weil es dort nichts Bezahlbares zum Wohnen gibt ... und dann irgendwo weit draußen in einem riesigen Haus zu leben, das viel Arbeit macht." Und ich, weit weg von ihr sitzend, weil mein Bauch nicht mehr unter den Tisch passte, fühlte mich in diesem Moment sehr verstanden. Auch mir hängt diese Vorstellung, dass es irgendwann eine

„Endstation" gibt, quer im Magen. Und ich frage mich immer wieder: Muss es das überhaupt geben?

Auf den nächsten Seiten nehme ich dich mit in meine Gedankenwelt rund um das Thema Zuhause. Ich habe mich umgehört, wie und wo andere Familien ihren Happy Place gefunden haben, und gebe Anregungen, wie auch du ihn finden kannst.

MEHRPARTEIENHAUS – HAPPYNESS

Immer zur selben Uhrzeit, abends kurz vor zehn Uhr wird ein Klappbett in der Wohnung über uns aufgebaut. Erst zieht jemand die Tür einer Schrankwand auf. Dann wird etwas Schweres langsam auf den Boden befördert, was trotz großer Sorgfalt jedes Mal einen lauten Knall verursacht und in meinem Wohnzimmer eine Vibration auslöst. Anschließend rückt der Klappbett-Besitzer das Gestell noch in die richtige Position, was sich für mich ähnlich gemein anhört, wie wenn jemand mit den Fingernägeln über eine Tafel kratzt. Bis das Bett an Ort und Stelle steht und Ruhe in den Räumen über mir einkehrt, ist meine eigene abendliche Ruhe längst nicht mehr vorhanden. Dieser Lärm nervt! Jedes Mal! Jeden Abend rege ich mich darüber auf. Warum hat man überhaupt ein Klappbett? Und warum kommt man nicht selbst auf die Idee, dass dieses Szenario andere Menschen in diesem Haus stören könnte?

Ich finde, das Mehrparteienhausleben ist seltsam und bereichernd zugleich. Menschen, die sich sonst im Leben wahrscheinlich niemals begegnen würden, teilen sich eine Haustür genauso wie die Wäscheleine, Treppe und Mülltonne. Ich habe in den vergangenen Jahren auf diese Weise einige interessante Charaktere und ihre schrägen Eigenheiten kennengelernt. An manche Eigenheiten habe ich mich gewöhnt. Manche sogar lieben gelernt. An andere wiederum wollte ich mich nicht gewöhnen. Zum Beispiel, wenn der Müll im Hausflur geparkt wird und sich dadurch ein Düftchen durch das Treppenhaus bis in meine Wohnung ausbreitet. Oder wenn ein Bewohner im Haus Dudelsack spielt, und das am liebsten dann, wenn ich die Nachmittagsruhe einläute. Oder wenn die Hühner des Hausbesitzers frei und aufgescheucht durch den Garten rennen und ich mich deshalb kaum bis zum Komposthaufen traue. Oder wenn ein afrikanischer Gospelchor im Untergeschoss sonntags früh zur besten Ausschlafzeit ein lautes Halleluja anstimmt. Oder eben, wenn das Klappbett ausgeklappt wird und das zu Schwingungen in meinem Wohnzimmer führt, sodass meine Gläser im Regal klirren. Alles schon erlebt. Wirklich alles. In den Hochphasen der Klappbett-Geräusche lag ich mit Ohropax auf dem Sofa und habe mir im Kopf vorgestellt, wie schön es sein wird, wenn ich ein eigenes Haus habe, in dem es nur noch Geräusche von mir gibt: ein kleines Häuschen mit Rasenmäher-Roboter, Gewächshaus, Obstbaum, Carport und Speisekammer. Und ganz viel Ruhe. Herrliche Vorstellung. Ich dachte damals: Spätestens wenn ich eine Familie gründe, werde ich keinen Klappbettlärm von Obermietern mehr in meinem Leben haben. Also einfach noch ein bisschen durchhalten, Annabel.

DER DRUCK, EINE ENDGÜLTIGE ENTSCHEIDUNG TREFFEN ZU MÜSSEN

Jahre später habe ich Kinder und entsprechend einen deutlich höheren Lärmpegel in der Wohnung als das Klappbett-Klappern von damals. Ich wohne nach wie vor in einem Haus mit mehreren Wohnungen zur Miete und das vor allem deshalb, weil ich es mag. Ich bin wirklich gerne Mieterin! Ich schätze es, dass ich kein Geld für mögliche XXL-Reparaturen zurücklegen muss. Ich liebe es, dass mir als Mieter viel Verwaltungsarbeit erspart bleibt. Ich mag es auch, dass ich auf diese Weise mehr Zeit für Freizeit und Reisen habe. Kurz gesagt: Ich liebe die Freiheit, die ich ohne finanz- und arbeitsintensiven Besitz erleben darf.

Aber mich reizt es genauso, etwas Eigenes zu haben, etwas nach den eigenen Vorstellungen gestalten zu können und das

Gefühl, irgendwo so richtig anzukommen. Doch selbst wenn ich gerade ein Haus kaufen wollen würde, müsste ich mich bei den katastrophalen Angeboten auf dem Immobilienmarkt ernsthaft fragen, ob ich mir das leisten könnte. Und ich weiß, dass ich damit nicht allein bin. Viele junge Familien aus meinem Umfeld besitzen nicht automatisch ein Häuschen, in dem die fertigen Kinderzimmer nur darauf warten, bezogen zu werden. Die meisten haben genau wie wir ihr Homeoffice im Schlafzimmer und das Spielzimmer im Wohnzimmer. Die wenigsten haben sich ihre „endgültige" Wohnsituation als Familie so vorgestellt. Das ist weit weg von der Vorstadtidylle mit eigenem Carport und großem Garten. Aber irgendwie die harte Realität. Trotz meiner Vorliebe für Mietverhältnisse und der Freude an Abwechslung bringt mich das häufig zum Nachdenken. Auch ich spüre den Druck, dass ich meinen Kindern eigentlich gerne ein eigenes Kinderzimmer bieten würde. Auch ich nehme den zeitlichen Druck wahr, dass ich mich schon längst um ein Eigenheim hätte kümmern sollen, damit ich es noch zu Lebzeiten schaffe, den Kredit dafür abzubezahlen. Und auch ich kämpfe gegen den gesellschaftlichen Druck an, endlich eine endgültige Entscheidung über den Wohnort zu treffen, damit meine Kinder Wurzeln schlagen können.

> DIE MEISTEN HABEN GENAU WIE WIR IHR HOMEOFFICE IM SCHLAFZIMMER UND DAS SPIELZIMMER IM WOHNZIMMER. DIE WENIGSTEN HABEN SICH IHRE „ENDGÜLTIGE" WOHNSITUATION ALS FAMILIE SO VORGESTELLT.

Ganz schön viel Druck dafür, dass es eigentlich um etwas sehr Schönes geht. Nämlich um das eigene Zuhause: Um den Ort, der Rückzug bieten, Vertrautheit ausstrahlen und an dem Familienerinnerungen entstehen sollen. Und manchmal vergesse ich, dass es diesen Ort ja bereits gibt. Er existiert nicht erst irgendwann in ferner Zukunft, wenn ich möglicherweise mein Traumhaus für immer gefunden habe. Dieser Ort ist schon da. Hier in diesen Räumen, in denen wir zusammen essen, Sticker-Alben bekleben, Freunde einladen, Geburtstage feiern und Konflikte austragen.

VOM MUT, NÄGEL IN DIE WAND ZU SCHLAGEN

Ashley Petrone, eine US-amerikanische Interior-Bloggerin, formuliert es auf ihrem Blog so: „Finding joy in the in-between". Mich inspiriert ihr Gedanke, die Schönheit und Freude auch in die Zwischenzeiten, also auch in meine vielen Mietwohnungs-Etappen, zu bringen. Die vierfache Mutter hatte im vergangenen Jahr gemeinsam mit ihrer Familie ein Haus gekauft und es über Monate hinweg bis ins Detail renoviert: Ein richtiges Traumhaus! Ich habe den Prozess der Renovierung auf ihrem Blog verfolgt und bin total begeistert, was sie aus der alten Hütte gemacht hat. Kurz nachdem das Haus fertiggestellt war, beschloss sie, mit ihrer Familie in einen anderen Bundesstaat zu ziehen. Mein erster Gedanke dazu? Die hat einen Sprung in der Schüssel. Die kann doch nicht so viel Mühe, Kraft und Herzblut in ihr Zuhause stecken und es dann einfach wieder verkaufen?! Ohne es nicht wenigstens ein paar wenige Jährchen genossen zu haben? Wenigstens ein Jahr, um alle Jahreszeiten erlebt zu haben? Um den Kamin im Winter einzuheizen und im Sommer in den Pool zu springen?

Die Frage, ob ihr dieser Schritt nicht verdammt schwerfällt, verneint sie und erklärt, dass sie das Haus nicht erst genossen hat, als es fertig war, sondern bereits in den gesamten Monaten zuvor, als sie mitten im Prozess stand. Jeden einzelnen Tag, den sie mit ihrer Familie in dem Zuhause verbracht habe, sei die

Arbeit wert. Sie will nicht nur in ein schönes Zuhause investieren, wenn es sich zeitmäßig lohnt, sondern auch dann, wenn es bloß vorübergehend sei. Zuhause fängt mit der Schlüsselübergabe an. Spannende Perspektive!

Wenn mir dieser Zuhause-für-immer-Druck über den Kopf steigt, erinnere ich mich an Ashleys Gedanken. Daran, dass die einzige Entscheidung, die ich heute treffen muss, die ist, das Hier und Jetzt zu meinem Zuhause zu gestalten. Egal, wie lange ich in diesen Räumen lebe. Und egal, ob ich die Steckdosen-Platzierung selbst festgelegt habe oder der Hausherr. Vielleicht muss ich aufhören, jeden Nagel, den ich in eine fremde Wand geschlagen habe, beim Auszug wieder zu bereuen, weil es Arbeit macht, die Löcher zuzumachen. Vielleicht darf ich die Löcher viel mehr als Zeichen dafür feiern, dass ich hier zu Hause war – und zwar so richtig.

> **DIE EINZIGE ENTSCHEIDUNG, DIE ICH HEUTE TREFFEN MUSS, IST DIE, DAS HIER UND JETZT ZU MEINEM ZUHAUSE ZU GESTALTEN. EGAL, WIE LANGE ICH IN DIESEN RÄUMEN LEBE.**

Anders als damals mit den Ohropax im Ohr und dem Klappbett-Besitzer als Nachbarn glaube ich heute nicht mehr, dass ich ein eigenes Haus brauche, um mich zu Hause zu fühlen. Ich kann mich ebenso in einem Haus, das ich mit Klappbett-Nachbarn teile, wohl fühlen – solange ich den Mut aufbringe und das Gespräch mit anderen Hausbewohnern suche, wenn es Dinge gibt, die mir nicht gefallen; die mich davon abhalten, mich zu Hause zu fühlen.

Ich wünschte, ich hätte damals nicht einfach bloß durchgehalten und von einer möglichen Zukunft im Eigenheim geträumt. Ich wünschte, ich hätte mit meinen Nachbarn über den Klappbett-Lärm gesprochen. Dann wüsste ich heute auch, was dort oben jeden Abend um kurz vor zehn Uhr passierte. Denn eins ist mir klar geworden, nachdem ich einmal zufällig einen Blick in das Tatort-Zimmer werfen konnte: Ein Klappbett kann es nicht gewesen sein. Das gab es nämlich dort gar nicht.

ZUM BEISPIEL:

Zuhause kennt kein Schema F

SO UNTERSCHIEDLICH LEBEN FAMILIEN

Inland, Ausland, eigenes Haus, Mietwohnung, dort, wo der Job ist oder dort, wo es schön ist, in der Nähe der Großeltern oder dort, wo die Freunde sind: Es gibt viele Wege, ein Zuhause als Familie aufzubauen und mindestens genauso viele unterschiedliche Beweggründe, sich für eine bestimmte Art von Zuhause zu entscheiden. Hier erzählen vier Personen, wie es dazu kommt, dass sie so wohnen, wie sie wohnen. Von Inselglück bis Kleinstadtidylle, vom Ausland bis zum riesigen Renovierungsprojekt:

MARLENA GARNICH

Mutter von zwei Kindern, Projekt-
koordinatorin in einem Kunst- und
Kulturverein sowie Gründerin
eines Online-Papeterieshops

the_garnichsons

Kleinstadt: Der perfekte Kompromiss für uns als Familie

„Wir wohnen in einer 3-Zimmerwohnung mit Balkon, 80 Quadratmeter, in einer Kleinstadt in der Nähe von Leipzig. Unsere zwei Mädchen teilen sich ein zehn Quadratmeter kleines
Zimmer und unser Schlafzimmer ist tagsüber das Büro meines Mannes. Sagen wir es mal so: Wir haben die verfügbaren
Räume komplett durchoptimiert. Oder wie es meine Freundin
sagen würde: ‚Ihr habt ja überall Haken.'

Wir haben die letzten Jahre viel überlegt, wie wir wohnen
möchten. Unsere 3-Raum-Wohnung ist bisher ein sehr guter
Kompromiss gewesen, um mich in die Erziehung meiner Kinder
investieren zu können, ohne Geldsorgen im Hinterkopf zu haben. Da mein Mann komplett im Homeoffice arbeitet und wir
mit unserer Wohnung kaum Aufwand haben, können wir sehr
viel Familienzeit genießen. Familienzeit darf für uns wegen einer Wohn- und Arbeitssituation niemals zu kurz kommen!

Es gab in der Vergangenheit allerdings sehr viele Tage, an denen ich mich mit meinem Lebenskonzept einsam gefühlt habe,

weil es nicht mit dem der anderen Eltern hier in der Kleinstadt zusammenpasst. Viele von ihnen sind sehr mit ihrem Haus und ihrer Arbeit beschäftigt und haben einen anderen Fokus als wir. Da kaum jemand länger als ein Jahr Elternzeit macht, bin ich häufig mit meiner zweijährigen Tochter, die ich zu Hause betreue, allein. Die gewachsenen familiären und freundschaftlichen Strukturen machen es uns als Zugezogenen außerdem schwer, richtig anzukommen. Vor allem, weil wir Wert auf tiefe Freundschaften legen, die wir hier bisher nicht finden konnten. Aus diesem Grund entwickelte sich zuletzt der Wunsch, nach Leipzig zu ziehen. Raus aus der Kleinstadt, zurück in die Großstadt – dorthin, wo wir auf mehr Gleichgesinnte, die eine ähnliche Lebensphilosophie haben, treffen können. Ich wäre dann arbeiten gegangen, um eine neue Wohnung in Leipzig finanzieren zu können. Als wir schon mitten in den Plänen waren, signalisierte uns jedoch unsere jüngste Tochter sehr deutlich, dass sie noch nicht bereit für den Schritt in Richtung Fremdbetreuung war. So kam es, dass wir uns trotz allem erst neulich wieder bewusst dafür entschieden haben, in der Kleinstadt zu bleiben. Auch wenn es gefühlt der schwerere Weg ist. Diese Erfahrung hat uns innerlich neu ausgerichtet. Wir schätzen nun wieder mehr, was wir hier haben, anstatt nur noch auf das zu schauen, was uns fehlt. Die Kinder sind nur einmal klein, sagen immer alle. Und ich hoffe, dass wir später zurückblicken können mit dem Wissen, dass wir in dieser kurzen Zeitspanne die richtigen Prioritäten gesetzt haben. Irgendwann wird der Zeitpunkt für eine Veränderung kommen. Und bis dahin üben wir uns in Dankbarkeit."

GERO DUSIL

lebt mit seiner Familie in einem still-
gelegten Bahnhofsgebäude, das er
mit seiner Frau zu einem kreativen
Ort für Auszeiten umgebaut hat.

www.bahnhofszeit.com
 bahnhofszeit

Ein großes, eigenes Haus für uns als Familie und unsere Gäste

„Wir haben 2018 einen alten abgelegenen Bahnhof im Havel-
land gekauft, in den wir parallel zum Umbau gezogen sind. Wir
haben diesen Ort bewusst gesucht und ausgewählt. Er liegt
nordöstlich von Berlin in purer Natur aber mit nur 45 Minu-
ten in angenehmer Entfernung von Berlin Mitte. Wir sind keine typischen Stadtflüchtigen. Wir möchten hier die positiven
Seiten des Urbanen mit dem Ländlichen verbinden. Der Ort
ist ein Zuhause für uns als Familie, aber auch Rückzugsort für
Menschen, die eine Auszeit brauchen – sei es privat oder als
Team für strategisches Arbeiten. So kommt es, dass wir auch
immer wieder Gäste auf dem Grundstück haben. Unsere Kinder finden das schön, vor allem wenn andere Kinder dabei sind
und sie sich zum Spielen im Wald verabreden können. Wichtig
ist dabei natürlich eine klare Abgrenzung von privat und ge-
meinschaftlich nutzbarem Bereich.

Wir haben zuvor in einigen Städten im In- und Ausland gelebt, wollten unsere Kinder aber bewusst auf dem Land auf-

wachsen lassen, wo auch wir aufgewachsen sind. Wir sind glücklich, einen Ort gefunden zu haben, der die Nähe zu einer internationalen Metropole und purer Natur verbindet – das ist für uns perfekt.

Aufs Land zu ziehen ist immer eine spannende Sache. Beim Einleben hilft es, den Menschen offen und auf Augenhöhe zu begegnen. Und sich trotz eventueller erster Ablehnung nicht unterkriegen zu lassen. Am besten hilft ein Netzwerk vor Ort, das man nicht komplett neu aufbauen muss. Das hatten wir leider nicht. Leider wohnen auch die Großeltern mehr als sechs Stunden entfernt.

Die meisten Eltern, wie auch wir, ziehen kurz vor oder nach der Geburt des ersten Kindes aufs Land. Es ist krass, was man sich da zumutet. Kinder bringen einfach einiges durcheinander. Ein Haus(um)bau parallel beansprucht sehr viele Nerven. Ich würde raten, im ersten Jahr mit Kind sich nicht einen solchen großen Schritt vorzunehmen. Oder auf jeden Fall den Stress dabei rauszunehmen.

Ich glaube, es ist wichtig für Eltern, die von der Stadt aufs Land ziehen, nicht alle Brücken einzureißen und immer mal wieder in die Stadt zu fahren. Gleichzeitig finde ich es aber auch wichtig, voll im Hier und Jetzt auf dem Land zu sein, das langsamere Leben zu genießen und anzukommen. Unsere Kinder wachsen nun in einem schönen Haus direkt am Waldrand auf mit viel Platz, sind aber auch regelmäßig in der großen Metropole und haben Gemeinschaft mit vielen verschiedenen Menschen, deren Ideen und (Ess-)Kulturen. In der Kita hier vor Ort gibt es von 180 Kindern sehr wenig bis keine Kinder mit Migrationsgeschichte. Die erweiterte Perspektive durch Berlin hilft meinen Kindern, mit dem Wissen aufzuwachsen, dass es viele verschiedene Menschen, Hautfarben und Lebensstile gibt. Dieses natürliche Verständnis von Diversität bringen sie mit in ihr Umfeld hier zu Hause, das finde ich toll."

MANUELA BISCHOF

ist Mutter von vier Kindern, mit denen sie an unterschiedlichen Wohnorten im In- und Ausland gelebt hat.

Viele Umzüge haben uns als Familie nicht geschadet

„Ich wohne mit meinem Mann und unserem jüngsten Sohn in einer Wohnung in Dresden. Meine drei großen Kinder sind bereits ausgezogen. Vor Dresden haben wir in Taiwan gelebt und gearbeitet. Doch dann kam die Corona-Pandemie und der Lockdown. Wir waren genau zu diesem Zeitpunkt in Amerika und konnten nicht mehr nach Asien zurück. Wir mussten uns also sehr spontan und kurzfristig einen neuen Plan überlegen, wo wir hinziehen möchten. In Dresden bekam mein Sohn einen Platz an der internationalen Schule und hier hatten wir bereits früher für zehn Jahre gelebt: Also ging unser Weg relativ spontan zurück nach Dresden.

Wir sind mit unseren Kindern häufig im In- und Ausland umgezogen. Als sie kleiner waren, war das noch relativ leicht. Ab dem Schulalter wird es wichtig, den Prozess gut vorzubereiten. Wir haben uns zum Beispiel die neuen Schulen vorher immer gemeinsam angeschaut und Wünsche für das Leben am neuen Ort von unseren Kindern erfragt. Wichtig ist es, dass man als

Eltern herausfindet, was das Kind braucht, um den Wechsel gut zu erleben. Mein älterer Sohn wollte zum Beispiel damals, als wir das erste Mal nach Dresden gezogen sind, Eishockey spielen. Wir haben deshalb als Allererstes einen Verein vor Ort für ihn rausgesucht. Uns als Eltern hat es immer geholfen, die neue Umgebung vor dem Umzug anzuschauen oder – wenn es zu weit weg ist, um hinzufahren – im Internet Bilder anzuschauen. Auf diese Weise lassen sich auch bereits vor dem Umzug Orte entdecken, die der Familie im neuen Umfeld guttun und das Einleben erleichtern können.

Über die Frage, ob Umzüge Kindern guttun, lässt sich diskutieren. Jedes Kind braucht Stabilität. Die Frage ist: Muss das der Wohnort sein? Können das nicht auch die Eltern sein? Ich glaube schon. Auch Routinen tun jedem Kind gut. Aber lässt sich das nicht auch aufbauen, wenn es einen Ortswechsel gibt? Ich sehe an meinen Kindern, dass unsere Entscheidungen keinem geschadet haben. Meine drei erwachsenen Kinder haben alle ihren Platz im Leben gefunden. Hätte ich wahrgenommen, dass ein Umzug eines meiner Kinder stark verunsichert, hätten wir es nicht so oft gemacht.

Die Ortswechsel waren nicht immer leicht, aber haben unser Familienleben sehr bereichert. Wir kommunizieren zum Beispiel viel und offen, das lernt man in solchen Prozessen. Ich genieße es auch sehr zu sehen, wie weltoffen mein jüngster Sohn ist, wie er andere Kulturen wahrnimmt und wie tolerant er ist. Wir können außerdem sehr gut mit wenig Dingen leben. Oder anders gesagt: Wir brauchen nicht viel, um glücklich zu sein – einer der schönsten Nebeneffekte unserer Umzüge."

REBECCA SCHÖNHEIT

wohnt und arbeitet als Hoteldirektorin, Anwältin und Mama auf der Nordseeinsel Langeoog

www.hotel-bethanien.com

hotel.bethanien

Auf der Insel und trotzdem nicht isoliert

„Wir wohnen auf der ostfriesischen Insel Langeoog in einer Wohnung direkt neben unserem Arbeitsplatz. Zuvor haben wir in Berlin gelebt, bis mein Mann Marc den Wunsch hatte, sich beruflich zu verändern. Über Weihnachten und Silvester 2019 verlobten wir uns im Urlaub. Mein Vater hatte mir vor dem Urlaub noch eine Stellenanzeige für eine Hoteldirektion auf Langeoog geschickt, mit dem grinsenden Unterton ‚Ihr wolltet doch mal was Neues, oder?‘. In unserer verliebten Urlaubsstimmung erschien uns die Idee, am Meer zu leben (mein Traum) und uns einen Job zu teilen, um mehr Zeit zum Lesen zu haben (Marcs Traum) und etwas „Sinnstiftendes" zu machen (unser beider Traum) fantastisch. Wir haben uns kurzentschlossen beworben und wurden eingestellt. Mittlerweile sind wir zu dritt.

Für uns als junge Familie überwiegen bisher die Vorteile, auf einer Insel zu wohnen: Wir haben mit dem Nordseestrand einen riesigen Sandkasten vor der Haustür, der Papa arbeitet direkt nebenan (prima für kleine Besuche zwischendurch), das leckere Hotelrestaurant steht uns zur Verfügung, wenn es mit dem Kochen mal nicht klappt und wir lernen durch den Tourismus viele nette Leute kennen. Wir haben nicht das Gefühl „abgeschnitten" zu sein. Der Charme der Insel lockt sowohl Familie als auch Freunde zu uns. Da wir in Berlin auch weit weg von unseren Familien gewohnt haben, kennen wir das nicht anders.

Das Unterwegssein mit Kind gestaltet sich auf der Insel wesentlich leichter als in der Großstadt. Ich muss nicht von einer Wohnung im oberen Stockwerk, die keinen Fahrstuhl hat, in eine überfüllte U-Bahn steigen, um dann schließlich an einem noch überfüllteren Spielplatz anzukommen. Natürlich ist das ein bisschen überspitzt, aber aktuell sind kurze Wege für mich als Mama wirklich großartig. Viele Insulaner sagen, dass die Kinder hier viel früher selbstständig werden, weil man sie einfach machen lassen kann. Ich glaube und hoffe, dass unser Kind positiv davon geprägt werden wird, dass man sich hier kennt, einander grüßt und immer einen kleinen Schnack hält. In Berlin lebt man wesentlich anonymer.

Auf der anderen Seite befürchte ich manchmal, dass das Inselleben zu sehr „heile Welt" ist und der Schock später groß sein wird, wenn mein Sohn „raus in die Welt" geht. Im Winter kann es auf der Insel ein bisschen einsam sein. Die Touristen fehlen, einige Geschäfte haben zu, das Schwimmbad lässt das Wasser ab, die Fährzeiten zum Festland sind reduziert: Aber ein grauer Tag am Strand ist für meine Winterlaune immer noch besser als ein grauer Tag in Berlins Häuserschluchten."

ZUM WEITERDENKEN:

Wohnst du nur oder lebst du auch?

ZEIT FÜR DEN EIGENEN WOHLFÜHLORT

Manchmal finde ich es gar nicht so leicht, zu erkennen, was mich gerade wirklich an einer Wohnsituation stört: Ist es die Tatsache, dass ich nicht allein in einem Haus wohne, oder lediglich das Klappbett-Geräusch? Sind es die Hühner im Garten des Hausbesitzers oder der fehlende Platz, um mein Fahrrad abzustellen? Liegt es daran, dass meine Freunde alle weit weg wohnen oder dass der Wohnraum nicht mein eigener Besitz ist?

Mithilfe der nachfolgenden Aussagen kannst du herausfiltern, wie und ob du dich in deiner momentanen Wohnsituation zu Hause fühlst; ob Veränderung notwendig ist und inwiefern du mit Kompromissen leben kannst. Die gute Nachricht ist: Es muss nicht immer ein Umzug sein, um eine Wohnsituation zu verbessern. Manchmal hilft es einfach, noch ein paar Nägel in die Wände zu schlagen, auch wenn du schon weißt, dass sie nicht lange dort bleiben werden.

Die nachfolgenden Punkte können dir helfen, dich selbst einzuschätzen. Setze einfach dort ein Kreuz, wo du dich am ehesten wiederfindest.

Spannend wird es, wenn dein Partner mit einer anderen Farbe ebenfalls Kreuze setzt: Nehmt ihr die Vor- und Nachteile eures Zuhauses ähnlich wahr?

RAUM

Die Atmosphäre in unserem Zuhause empfinde ich angenehm.

TRIFFT ZU ---------------- TRIFFT NICHT ZU

Mein Bedürfnis nach Rückzug und Ruhe ist erfüllt.

TRIFFT ZU ---------------- TRIFFT NICHT ZU

Es gibt so viel Stauraum, wie ich brauche.

TRIFFT ZU ---------------- TRIFFT NICHT ZU

Ich schaffe es, den Überblick über den Besitz und die Aufgaben, die damit einhergehen, zu behalten.

TRIFFT ZU ---------------- TRIFFT NICHT ZU

Zu Hause habe ich Platz, die Dinge zu tun, die ich gern tue.

TRIFFT ZU ---------------- TRIFFT NICHT ZU

Ich lade gerne andere Menschen zu mir nach Hause ein.

TRIFFT ZU ---------------- TRIFFT NICHT ZU

Unsere Wohnräume sind nicht perfekt, aber ich mag einiges an ihnen.

TRIFFT ZU ---------------- TRIFFT NICHT ZU

ORT

Es gibt Orte in meiner Umgebung, die mir guttun.

TRIFFT ZU ---------------- TRIFFT NICHT ZU

Ich erzähle gern anderen, wo ich wohne.

TRIFFT ZU ---------------- TRIFFT NICHT ZU

Der Ort bietet mir Möglichkeiten, meine Freizeit und meine berufliche Zukunft zu gestalten.

TRIFFT ZU ---------------- TRIFFT NICHT ZU

Wenn ich einen Ort auswählen dürfte, an dem ich leben möchte, wäre das mein jetziger Wohnort.

TRIFFT ZU ---------------- TRIFFT NICHT ZU

MENSCHEN

Es sind Menschen, die mir wirklich wichtig sind, in der Nähe.

TRIFFT ZU ---------------- TRIFFT NICHT ZU

Ich fühle mich in der Nachbarschaft wohl.

TRIFFT ZU ---------------- TRIFFT NICHT ZU

Wenn es hart auf hart kommt, gibt es Personen in der Umgebung, die für mich da sind.

TRIFFT ZU ---------------- TRIFFT NICHT ZU

ZUM WEITERDENKEN ALS PAAR:

Was ist uns wichtig, um uns in unseren Räumen wohlzufühlen?

Was wollen wir uns vornehmen, zu verändern, um uns noch mehr zuhause fühlen zu können?

Freundschaft:

ZWISCHEN DEM, WIE ES MAL WAR UND DEM, WIE ES WEITERGEHEN KANN

4

Als ich einem guten Freund erzählte, dass ich ein Buch über den Start ins Familienleben schreibe, meinte er: Kannst du auch etwas über Freundschaft schreiben? Ich so: Nichts lieber als das! Doch Wochen später herrscht noch immer gähnende Leere in dem geplanten Kapitel. Nicht, weil Freundschaften wenig Bedeutung für mein Leben haben. Ganz im Gegenteil. Gerade weil sie so einen hohen Stellenwert in meinem Leben haben, fehlen mir ein bisschen die Worte dafür, wie sich meine Freundschaften seit dem Einstieg ins Berufsleben und dem Familienstart entwickelt haben. Ich mag es nicht, dass es in meinen Freundschaften fast nur darum geht, sich nicht aus den Augen zu verlieren. Und viel weniger darum, gemeinsam durchs Leben zu stolpern. Ich vermisse die langen Wein-Abende ohne Zeitlimit mit intensiven Gesprächen; die Wochenenden, in denen wir einfach in den Tag gelebt haben und bis in den Nachmittag hinein am Frühstückstisch saßen. Kurz gesagt: Ich vermisse die intensive Lebenszeit mit mir nahestehenden Menschen außerhalb meiner Familie. Mir zwischen Arbeit, Kindern, Haushalt, Ehe und Ehrenamt Zeit für Freunde zu nehmen, fordert mich jede Woche neu heraus. Und ich scheitere immer wieder daran.

In diesem Kapitel mache ich mich auf den Weg, um die Freundschaften in meinem Leben nicht dort stehen zu lassen, wo sie sich gerade befinden. Es erwarten dich außerdem Tipps und Anregungen, um dich in deine eigenen Freundschaften zu investieren.

FREUNDE AUF EWIG ... BIS DER JOB, DAS KIND, DER PARTNER UNS TRENNT?

„Kruzifix, wo ist mein Reisepass?", höre ich den Mönch in seinem Zimmer fluchen. Ich bin gerade dabei, den Innenhof des Gästehauses zu fegen, in dem der Mönch seinen Urlaub verbringt. „Verflixt nochmal. Der kann doch nicht einfach weg sein", ruft der Mann verzweifelt und reißt kurz darauf die Zimmertür auf. Ein sichtlich beunruhigter älterer Herr steht neben mir im Innenhof. Ich bemerke, wie ihm Schweiß von der Stirn läuft und werfe ihm mitfühlend einen ermutigenden Blick zu. Meine beste Freundin, die gemeinsam mit mir hier in Jerusalem im Gästehaus jobbt, reagiert auf die Hilflosigkeit des Gastes. Sie fragt ihn mitfühlend, wo er den Reisepass zuletzt in der Hand gehabt habe.

Am Checkpoint zwischen Jerusalem und Bethlehem.

Wo er ihn danach hingeräumt habe.

In seinen Rucksack.

Ob er den Rucksack den ganzen Tag bei sich gehabt habe.

Ja. Nur einmal kurz in der Grabeskirche, einem der größten touristischen Hotspots in Jerusalem, habe er ihn abgelegt.

Oh weh, da ist Hopfen und Malz verloren, denke ich. Den Reisepass wird er nie wiedersehen und erinnere mich dabei an mein selbsternanntes oberstes Gebot für das Leben in Israel: Nämlich niemals zu denken, dass hier alle Menschen heilig sind, nur weil der Ort womöglich ein heiliger ist.

Ich kehre weiter die Blätter des Granatapfelbaumes zusammen, während sich meine Freundin fürsorglich des Problems annimmt. Sie hilft ihm dabei, Anrufe zu tätigen und spricht ihm immer wieder Hoffnung zu. Wie so oft in unserer Freundschaft beeindruckt mich diese Frau. Ich kenne keine andere

Person, die so gut darin ist, eine so spannungsgeladene Situation auszuhalten und einfach da zu sein. Mitten in dem Gefühlschaos und der Ratlosigkeit.

Der Mönch und sein verlorener Reisepass: Diese Situation ist schon viele Jahre her, mir aber bis heute in Erinnerung geblieben. Meine Freundin und ich verbrachten damals drei Monate während unserer Semesterferien in diesem Gästehaus in Israel. In dem Land, in dem wir uns ein Jahr zuvor während eines Freiwilligendienstes kennengelernt und den Startschuss für unsere Freundschaft gelegt hatten. Das Schönste an diesem zweiten gemeinsamen Aufenthalt als Volontäre in Jerusalem war, dass unsere Aufgabe darin bestand, Gastfreundschaft zu leben – unsere absolute Königsdisziplin! Wir lieben es, Menschen kennenzulernen, unterschiedliche Personen an einen Tisch zusammenzubringen und uns auf diese Weise von verschiedenen Lebensentwürfen inspirieren zu lassen. Das sind Leidenschaften, die uns von Anfang an als Freundinnen verbinden.

Die Begegnungen und Gespräche, die wir in Jerusalem erleben durften, gehören zu den eindrücklichsten in unserer Freundschaft. Eine so besondere Stadt wie Jerusalem zieht eben auch sehr besondere – manchmal auch etwas verrückte – Persönlichkeiten an. Ich denke dabei zum Beispiel an einen Steward, der jeden Tag die Frühstückszeit verschlief und seinen Charme spielen ließ, um doch noch eine Pita mit Hummus zu bekommen; die Frau, die eigentlich kein Gast in unserem Haus war, aber jeden Tag kam, um uns aus ihrem Leben zu erzählen (unabhängig davon, ob wir daran interessiert waren); ich denke an eine Reisegruppe, die bereits morgens um fünf mit einer Gebetszeit in den Tag startete, oder an solche Gäste, die sich immer wieder in den vielen kleinen Gassen der Altstadt verliefen, trotz unserer perfekt ausgetüftelten Wegbeschreibungen. Die Tage im Gästehaus waren unglaublich spannend!

Sobald wir Feierabend hatten, setzten wir uns mit einem überzuckerten Eiscafé in der Hand auf eine Bank in der Ben-Jehuda-Street, einer der Haupteinkaufsstraßen von Jerusalem. Von hier aus beobachteten wir das bunte Treiben – die vielen Touristen neben den jungen, schwerbewaffneten Soldatinnen und Soldaten, die ultraorthodoxen jüdischen Männer mit langem Bart und Schläfenlocken neben muslimischen Frauen mit Kopftuch. Wir konnten stundenlang so mit dem leeren Eiscafé-Becher in der Hand dasitzen. Immer wieder warfen wir uns vielsagende Blicke zu und wussten genau, was der andere damit meinte – ganz ohne Worte. Das liebte ich besonders an unserer Freundschaft: Dass wir denselben Blick auf das hatten, was vor unserer Nase passierte, und dass wir mit demselben Humor darauf reagierten.

Es war nicht das einzige Mal, dass wir unsere freien Tage auf einer Bank in der Ben-Jehuda-Street verbrachten und dabei die Zeit vergaßen. Doch leider wurden diese Momente weniger, als wir unsere Studienzeit beendeten und in das Berufsleben starteten. Kein Studium, keine Semesterferien und keine gemeinsamen Sommer mehr in Jerusalem.

WIE VIEL UNTERSCHIEDLICHKEIT HÄLT EINE FREUNDSCHAFT AUS?

Ich war nicht darauf vorbereitet, wie krass die Umstellung von meinem Studenten- auf das Berufsleben sein würde. Alter Latz! Der Unterschied war so groß wie Tag und Nacht. Auf einmal hatte ich nur noch zwei freie Tage in der Woche und an diesen brauchte ich Erholung von den fünf vorherigen. Auf einmal war ich jeden Abend platt von der Arbeit und zu nichts zu gebrauchen, außer für das Sofa. Und auf einmal wurde freie

Zeit zu etwas sehr Kostbarem und Teurem. Zeiten, um in den Tag hinein zu leben, gab es nicht mehr. Zeiten, um spontan bei einer Freundin vorbeizuradeln, verschwanden aus dem Alltag.

Diese Lebensumstellung beeinflusste natürlich auch die Beziehung zu meiner Freundin, mit der ich in Jerusalem gewesen war. Für all das, was uns bis dato verbunden hatte, fehlte uns plötzlich die Zeit und Kraft. Wenn wir uns trafen, ging es häufig ausschließlich darum, uns gegenseitig auf den aktuellen Stand zu bringen. Bis wir damit fertig waren, war der Zeit-Slot für Freundschaftspflege auch schon wieder aufgebraucht – und entsprechend keine Zeit mehr übrig für unsere gemeinsamen Leidenschaften.

Hinzu kam, dass die Unterschiede in unserer Lebensgestaltung von Jahr zu Jahr größer wurden, bis sie schließlich nicht mehr zu übersehen waren: Ich heiratete und bekam Kinder, sie investierte sich zu zweitausend Prozent in ihre Ehrenämter. Ich bereiste mit meinem Mann und später den Kindern viele neue Länder, sie flog nach wie vor in regelmäßigen Abständen zurück nach Israel. Wir entwickelten unterschiedliche Blickwinkel auf die Welt und ich vermisste immer mehr das Gefühl, genau zu wissen, was meine Freundin gerade sah und was ihr durch den Kopf ging. Ich glaube, wir spürten beide irgendwann, dass es dringend notwendig war, neue gemeinsame Erinnerungen zu schaffen, anstatt immer nur den alten Momenten in Jerusalem hinterherzutrauern. Und wir gaben uns größte Mühe, diese zu sammeln.

ES BLEIBT ANDERS

Als ich hochschwanger mit Baby Nummer 2 war, trafen wir uns zum Beispiel für eine Auszeit in einem Wellnesshotel. Doch anstatt das Potenzial an Begegnung zwischen all den

redefreudigen Senioren und ausgelaugten Urlaubern auszu-
schöpfen, schliefen wir erschöpft im Ruheraum ein. Es hätte
so viel zu sehen und zu hören gegeben, aber wir waren beide
zu erschöpft, um das wahrzunehmen. Wir verschliefen quasi
unsere gemeinsame Beobachtungszeit. Sowas wäre uns früher
nie passiert! In dem Moment tat uns das zwar gut, aber es hin-
terließ bei mir auch Wehmut. Wehmut über die guten alten
Zeiten. Wehmut darüber, dass
das, was uns eigentlich verbunden hatte, nicht mehr da war.
In solchen Momenten muss
ich mich selbst daran erinnern,
nicht frustriert das Badehandtuch hinzuwerfen und aufzugeben – sondern dranzubleiben,
den Frust und die Ratlosigkeit
auszuhalten: Genau so, wie es
mir meine Freundin selbst damals – völlig unwissend – im
Umgang mit dem Mönch vorgelebt hatte.

IN SOLCHEN MOMENTEN MUSS ICH MICH SELBST DARAN ERINNERN, NICHT FRUSTRIERT DAS BADEHANDTUCH HINZUWERFEN UND AUFZUGEBEN.

   Neulich ließ ich für eben diese Freundin ein Poster drucken,
auf dem der folgende Spruch steht: „Freundschaft heißt tiefe Verbundenheit. Auch wenn uns Gott auf unterschiedlichen
Wegen durchs Leben führt." Dieser Spruch hat mich selbst
sehr berührt und ich schenkte ihn ihr als mein Commitment,
als Ausdruck dessen, dass ich unser Dilemma sehe und dass
ich trotzdem daran festhalte, was wir sind: nämlich verdammt
gute Freundinnen. Ein Commitment dafür, dass ich meinen
Teil dafür tun möchte, dass wir uns nicht verlieren, auch wenn
uns zeitweise der Beruf, meine Kinder, die Partnerschaft oder
der Lebensstil trennen. Das Commitment, die Ratlosigkeit und
das Nicht-Weiter-Wissen auszuhalten. Und ein Commitment,
neue Wege auszuprobieren, um die Freundschaft lebendig zu
halten.

Ich weiß nicht, wohin sich unsere Freundschaft entwickelt. Ich weiß nicht, wie viele Unterschiede eine Freundschaft erträgt und wie wenig Gemeinsamkeiten notwendig sind, um sich nahe zu fühlen. Alles, was ich weiß, ist, dass ich spätestens im Rentneralter wieder auf dieser Bank in der Ben-Jehuda-Street in Jerusalem sitzen möchte. Und ich will da nicht allein sitzen. Ich möchte dort meine Freundin an meiner Seite haben, der ich ohne Worte Blicke zuwerfen darf und die mich daraufhin vielwissend mit wunderschönen Lachfalten unter den Augen angrinsen wird – Lachfalten, an denen wir gemeinsam in all den Jahren zuvor gearbeitet haben.

ZUM BEISPIEL:

Lass mal zusammenbleiben. Für immer.

WIE FREUNDSCHAFT ZWISCHEN SINGLES UND FAMILIEN GELINGEN KANN

Meine Kinder sollen später mal genau wissen, wer meine engsten Freunde sind – weil sie in meinem Leben sichtbar waren. Doch wie genau sieht das in der Umsetzung aus? Vor allem mit Freunden, die gerade in einer ganz anderen Lebensphase (ohne Partner und Kinder) stecken?

Franziska Klein ist Single, Freundschaftscoach und Autorin des Buches „Freundschaft. Schön. Schmerzhaft. Lebenswichtig". Mit ihr habe ich mich darüber unterhalten, wie Freundschaften zwischen Eltern und Singles funktionieren können und warum dafür das Verständnis für den Lebensabschnitt, in dem der andere sich gerade befindet, wichtig ist. Ein Gespräch, das zum Weiterdenken einlädt!

FRANZISKA KLEIN

ist Pastorin, Rednerin und Freundschaftscoach

www.franziskaklein.com
🅞 fraeulein_franzi

Wir haben neulich als Paar überlegt, ob wir in unseren Sommerurlaub als Familie eine Freundin, die Single ist, mitnehmen wollen. Wir waren uns sehr unsicher. Käme sie bei einem solchen Urlaub überhaupt auf ihre Kosten? Würdest du als Single mit einem befreundeten Paar mit Kind(ern) in den Urlaub fahren?

Ich freue mich prinzipiell über solche Urlaubsanfragen und habe auch schon einen Kurzurlaub mit einem Paar inklusive Kind gemacht. Ich weiß noch genau, wie ich damals klar kommuniziert habe, dass ich nicht mit ihnen um sechs Uhr morgens aufstehen werde (lacht). Ob ich die gemeinsame Zeit genießen kann, hängt nicht so sehr davon ab, wie das Kind tickt, sondern eher von der Paardynamik. Ich mag es zum Beispiel, wenn es in der Kommunikation ein „wir" und nicht ein „du" gibt. Das fühlt sich dann nicht so an, als wäre ich das fünfte Rad am Wagen.

Wie gehst du mit den Veränderungen um, sobald eine Freundin oder ein Freund heiratet oder Kinder bekommt?

In einer Freundschaft geht es immer auch um Selbstwert und Anerkennung. Natürlich ist es deshalb erstmal schmerzhaft für mich, wenn sich jemand für einen anderen Menschen entscheidet und dadurch automatisch weniger Zeit für mich als Freundin übrigbleibt. Ich arbeite an mir, dass ich so eine Entscheidung Freunden nicht nachtrage oder anrechne. Denn jetzt mal ehrlich: Es ist ja kein Fehler, zu heiraten oder Kinder zu bekommen – sondern eines der schönsten Dinge im Leben!
Für mich ist es ein großer Unterschied, ob Freunde stillschweigend voraussetzen, dass ich mich an die Veränderungen in ihrem Leben anpasse oder ob es kommuniziert wird. Wobei ich in der Vergangenheit auch lernen durfte, selbst die Initiative für ein Gespräch darüber zu übernehmen und nicht darauf zu warten, dass die andere Person damit beginnt. Eine Frage, die ich gern bei einem solchen Gespräch stelle,

ist: *Was brauchst du, damit es dir in unserer Freundschaft gut geht?*
Mit dieser Frage wird niemandem die Schuld zugeschoben und bei-
de Seiten übernehmen Verantwortung für die neue Situation in der
Freundschaft.

Das Schlimmste ist für mich, wenn ich das Gefühl habe, vor voll-
endete Tatsachen gestellt zu werden. Ich denke dabei zum Beispiel an
eine Freundin, von der ich wusste, dass sie keine Kinder haben woll-
te. Für mich kam die Nachricht, dass sie in der 14. Woche schwanger
war, entsprechend sehr überraschend. Noch überraschender war es für
mich, dass sie damit sehr glücklich schien. Was hatte ich in der Zwi-
schenzeit nicht mitbekommen? Warum hatte sie mir ihre neuen Ge-
danken nicht anvertraut? Ging es ihr wirklich gut damit oder spielte
sie das nur, um sich zu schützen? Ich stellte mir viele Fragen, traute
mich aber nicht, sie zu stellen. Ich wollte die neue Situation gern nach-
vollziehen können, aber es kam nie zu einem Gespräch. Wir sind heute
nicht mehr befreundet. So was ist total schade.

Das Thema Kinderwunsch ist sehr sensibel und intim. Viel-
leicht wollte deine damalige Freundin nicht so offen darüber
sprechen oder konnte es noch nicht ...

Das stimmt! Es gibt definitiv auch Themen, die ein Paar nicht teilen
möchte und auch nicht muss. Das respektiere ich. Mir würde es dann
auch helfen, wenn sie mir sagt, dass sie darüber gerade nicht sprechen
möchte. Aber wenn jemand gar kein Gespräch in diese Richtung zu-
lässt, nicht mal ein Signal gibt, dann kommuniziert mir das als Freun-
din etwas: Dann entsteht bei mir das Gefühl, dass sie nicht genug Ver-
trauen in mich hat.

Ich möchte nicht, dass Freunde glauben, sie könnten mit mir nicht
über ihre Eheprobleme oder Fehlgeburten sprechen, nur weil ich ge-
rade nicht in derselben Lebensphase bin. Als Single kann ich solche
Themen natürlich nicht hundertprozentig nachvollziehen. Aber ich
möchte als Freundin mitfühlen, mittrauern und mich mitfreuen. Ich

erlebe häufig, dass Frauen, die in einer Beziehung sind, Singlefrauen gegenüber sehr vorsichtig sind und manches lieber nicht erzählen, weil sie kein Salz in mögliche Wunden streuen möchten. Mich ärgert das ehrlich gesagt. Denn am Ende ist nicht meine Freundin für meinen Schmerz verantwortlich. Darum muss ich mich selbst kümmern.

Andersherum haben Singles auch etwas, auf das ich als Mutter und Ehefrau manchmal neidisch bin: die Unabhängigkeit. Ich unterstelle Freunden ohne Kinder häufig, dass sie mehr Freiheiten und weniger Stress haben. Inwiefern stimmt das aus deiner Perspektive?

Das stimmt so definitiv nicht (lacht). Ich habe neulich einen Artikel über ,Mental Load' (bedeutet so viel wie: Psychische Belastungen) bei Singles gelesen. Das fand ich super spannend. Darin war erklärt, wie stark Singles darunter leiden, dass sie sich immer um alles selbst kümmern müssen und nichts – wie eben in einer Partnerschaft – aufteilen können. Singles haben schon allein deshalb Stress, weil sie immer für alles allein Verantwortung tragen. Meine größte Stressquelle ist momentan zum Beispiel, dass meine Miete über die Hälfte meines Gehaltes schluckt. So wie ich gerade lebe, muss ich Angst haben, auf eine Altersarmut zuzulaufen.

Mich triggert der Satz: ,Genieß deine Zeit ohne Kinder, denn dann wird es stressig.' Ja, vielleicht habe ich mehr freie Abende in der Woche als meine Freunde mit Kind. Aber dafür habe ich den Stress, dass ich mir all diese Abenden sinnvoll organisieren muss, damit ich nicht allein bin. Ein kinderfreier Abend im Kopf eines Vaters oder einer Mutter trifft überhaupt nicht meine Sehnsucht an freien Abenden – das lässt sich einfach nicht vergleichen. Ich glaube, in Freundschaften ist es nicht wichtig, wer am meisten oder am wenigsten Stress hat. Es ist nur wichtig, dass wir gegenseitig die unterschiedlichen Stressfaktoren kennen und nachvollziehen können, warum jemand gerade zum Beispiel nur begrenzt Zeit hat.

Was wünschst du dir von Freunden mit Kindern, damit eure Freundschaft lebendig bleiben kann trotz aller Veränderungen in der Lebensgestaltung?

Ganz einfach: Dass das Kind selbstverständlich in die Freundschaft einbezogen wird. Im Grunde genommen ist es meine Aufgabe als Freundin, Interesse an Kind, Ehepartner und Job zu zeigen, um den Fortbestand einer Freundschaft möglich zu machen. Das bedeutet aber auch, dass diese Themen in die Freundschaft integriert werden müssen. Generell habe ich das Gefühl, dass sich Eltern mit ihren Kindern immer mehr aus dem öffentlichen Leben ins Private zurückziehen. Ich sage immer: Lasst uns doch lieber ausprobieren, wie es am besten für alle passt, sodass man sich als Freunde auch mit Kind weiterhin treffen kann.

Ich erinnere mich noch, dass ich und meine Geschwister früher auf Hochzeiten selbstverständlich auch zu später Stunde noch auf dem Fest waren. Wenn ich mal heiraten sollte, wünsche ich mir, dass nicht alle meine Freunde früh die Tanzfläche verlassen, um ihr Kind ins Bett zu bringen, sondern dass die Kinder wie wir früher mitfeiern dürfen!

Das ist eine sehr schöne Vorstellung. Danke Franziska für deine wertvollen Gedanken!

ZUM WEITERDENKEN:

Drei Tipps, um Freundschaften trotz Erwachsenen-Kram lebendig zu halten

Das klingt jetzt womöglich sehr unromantisch, aber ich habe meine Freunde in drei Kategorien eingeteilt: A, B und C. Diese klare Unterscheidung hilft mir in der Priorisierung der Freundschaftspflege. Gerade dann, wenn die Zeit für gemeinsame Aktivitäten knapp ist.

A ist die kleinste Gruppe. Darin befinden sich meine engsten Freunde. Solche, die mich schon lange durchs Leben begleiten. B ist ein Mix aus wichtigen Menschen in der aktuellen Umgebung und denjenigen, zu denen ich eine Verbundenheit empfinde, auch wenn wir nicht gemeinsam an einem Ort leben. Und C: Da tummeln sich viele großartige Persönlichkeiten, zu denen ich aber keine intensive Beziehung pflege.

Freunde, die es in Gruppe A geschafft haben, sind diejenigen, bei denen ich es nicht einfach hinnehmen möchte, dass sich die Freundschaft auseinanderlebt. Bei diesen Menschen will ich für den Erhalt der Freundschaft kämpfen. Diese Personen sind mir wirklich wichtig! Hast du solche A-People auch in deinem Leben? Wer sind deine engsten Weggefährten?

Die nachfolgenden drei Tipps helfen dabei, um an genau diesen Herzensfreunden dranzubleiben. Auch dann, wenn man sich in unterschiedlichen Lebensabschnitten befindet.

1. WEITERREDEN

Als wir nach dem Abitur unterschiedliche Wege einschlugen, kauften wir ein Buch, das wir uns reihum in unserer Clique zuschickten. In diesem Buch verfasste jede von uns einen Brief an die anderen und schickte es anschließend nach einer festgelegten Reihenfolge an die Nächste weiter. Auf diese Weise hatten wir untereinander Anteil an dem neuen Lebensabschnitt und bekamen persönliche Themen mit. Aber es war weitaus weniger zeitintensiv, als wenn sich alle in regelmäßigen Abständen Briefe zugeschickt hätten.

Ich glaube, es braucht genau solche kreativen Ideen, um Freundschaften auch über weite Entfernungen zu pflegen. Meine Gesprächspartnerin Franziska Klein erzählte mir unter anderem davon, dass sie mit ihren engsten Freunden eine Whats-App-Gruppe pflegt, in der jede jeden Tag drei Dinge schreibt, für die sie dankbar ist. Das finde ich auch eine wunderbare Idee, um konstant am Alltag des anderen dranzubleiben.

Eine Nachricht mit je einem High-und Lowlight des Tages, einander Postkarten schreiben, eine Sonntags-Sprachnachricht mit viel Detail, ein gemeinsames Tagebuch mit Inhalt füllen: Welche neue regelmäßige Kommunikationsebene könnte deine Freundschaft pushen?

DIESE IDEE WERDE ICH AUSPROBIEREN, UM AN _____ (NAMEN DES FREUNDES / DER FREUNDIN EINSETZEN) ENGER DRANZUBLEIBEN:

2. WEITERSEHEN

Wir hatten bereits knapp zwei Jahre nur telefoniert, bis ich es schaffte, eine meiner engsten Freundinnen zu besuchen, die ausgewandert war. Mit diesem Besuch veränderten sich unsere Telefonate: Ich hatte weniger Fragen, dafür mehr konkrete Bilder aus ihrem Alltag im Kopf. Ich konnte mir ihren Arbeitsweg vorstellen, wusste, wie ihr Zuhause roch und hatte mit ihren neuen Freunden gesprochen. Ich fühlte mich durch diesen Besuch automatisch näher an ihr dran.

Sich gegenseitig zu besuchen, finde ich unabdingbar, um Nähe auch über räumliche Distanz hinweg kultivieren zu können. Gerade dann, wenn der Freund oder die Freundin einen ganz anderen Alltag führt, als man selbst. Um das im Familienleben realisieren zu können, braucht es eine gute Planung, die Hilfe des Partners oder von Babysittern und manchmal auch kreative Lösungen. Den Besuch bei meiner Freundin im Ausland habe ich zum Beispiel mit einem Familienurlaub kombiniert – anders wäre es in der momentanen Lebensphase nicht drin gewesen.

Welche Freundin / welcher Freund fällt dir als Erstes ein, wenn du an einen lang aufgeschobenen oder nie umgesetzten Besuch denkst? Was hat dich bisher davon abgehalten, in das Auto, den Zug oder das Flugzeug zu springen, um gemeinsam Zeit zu verbringen?

Vielleicht hilft es, wenn du dich jetzt dafür entscheidest, dass dir die Freundschaft so viel wert ist, dass du bereit bist, Zeit und Kosten für einen Besuch zu investieren.

DIESE PERSON MÖCHTE ICH DEMNÄCHST BESUCHEN, UM IHR LEBEN BESSER NACHVOLLZIEHEN ZU KÖNNEN: _____

3. WEITERDENKEN

Früher trafen wir uns am späten Abend, um bis in den Morgen hinein tanzen zu gehen. Jetzt beenden wir unser Telefonat selten nach 22 Uhr, damit wir noch eine Mütze Schlaf bekommen, bevor das erste Kind wieder aufwacht. Dieser Kontrast wäre für mich kaum zu ertragen, wenn wir nicht neue Gemeinsamkeiten in die Freundschaft gebracht hätten. Etwas, das zu unserer aktuellen Lebensphase passt. Unser letztes gemeinsames Vorhaben war es zum Beispiel, ein Buch gemeinsam durchzulesen und über den Inhalt in den regelmäßigen Telefondates zu sprechen. Nicht ganz so wild wie die Tanzerei. Aber dafür mit umso mehr Tiefgang.

Was könnte ein Freundschafts-Projekt sein, das dich und deine Freunde zusammenbringt? Töpfern, klettern oder zusammen den Wocheneinkauf erledigen: whatever. Hauptsache, es macht beiden Spaß und passt in eure Lebenssituation.

DAS SIND MEINE IDEEN FÜR GEMEINSAME FREUNDSCHAFTS-PROJEKTE:

5

Familienplanung:
ZWISCHEN WUNSCH UND WUNDER

Wenn das Leben ein Auto wäre, würde ich gern am Steuer sitzen. Ich würde das Lenkrad fest in meiner Hand halten, damit ich die Richtung bestimmen kann und alles nach meinem Plan verläuft. Doch das Leben hat kein Lenkrad. Und es läuft nicht immer so, wie ich es gerne hätte. Manche meiner Pläne gehen auf. Andere wiederum nicht. Besonders bei großen Themen wie der Familiengründung fällt es mir schwer, das zu akzeptieren.

Auf den nächsten Seiten erzähle ich, durch welches Ereignis ich gelernt habe, meine eigenen Vorstellungen loszulassen und mich auf neue Pläne einzulassen. In diesem Kapitel begegnen dir außerdem unterschiedliche Vorstellungen und Wege hin zur eigenen Familie – und die Hoffnung, dass es gut werden wird. Auch wenn es ganz anders kommt als gedacht.

EINE LEBENSVERÄNDERNDE MOMENTAUFNAHME VOM WOHNMOBILSTELLPLATZ

Es war der Sommer nach dem ersten Lockdown. In Bayern war es wieder erlaubt, sich auf eine Parkbank zu setzen, die Absperrbänder an Spielplätzen waren verschwunden und das Ausflugsverbot wurde aufgehoben. Wir durften wieder raus. So richtig raus! Ich hatte mich an meinen eigenen vier Wänden nach wochenlangem Homeoffice sattgesehen und brauchte dringend frische Luft. Also beschloss ich, jetzt, wo es endlich wieder möglich war, mit Knut zu verreisen. Da es mein erster Solo-Trip war, wollte ich es langsam angehen lassen und entschied mich für einen gemütlichen Wohnmobilstellplatz am Ammersee. Dort fand ich eine wunderbare Parklücke neben dem Wohnmobil von Gisela und Günther und hätte glücklicher nicht sein können: Allein sein und trotzdem Nachbarn haben, das fühlte sich gut an. Mit Gisela und Günther als Nachbarn hatte ich außerdem das Gefühl, am sichersten Ort der Welt zu sein. Ich brauchte mir nachts keine Gedanken darüber zu machen, ob das Geräusch vor meiner Vantür von einem Tier oder Mensch kam – es war zu 99 Prozent Günther, der mit einer Taschenlampe bewaffnet seinen nächtlichen Kontrollgang um sein Wohnmobil vollzog. Dieser Mann, dessen Namen ich in Wahrheit nie erfahren habe, entwickelte sich zu meiner perfekten persönlichen Security. Der Kurztrip hatte definitiv das Potenzial, der entspannteste Knut-Ausflug meines Lebens zu werden. Kurzzeitig war er das auch. Doch dann begann ich, seltsame Dinge an mir zu beobachten.

Ich nahm zum Beispiel wahr, dass ich dauerhaft Heißhunger nach Frittiertem hatte. Da ich eine ausgeprägte Vorliebe für Pommes und Chips habe, ist das erst mal nichts Ungewöhnliches. Aber normalerweise verschwand diese Lust spätestens nach einer verdrückten Packung Chips auch wieder. Diesmal war es anders. Morgens, nachmittags oder um Mitternacht: Ich brauchte ständig Pommes zwischen den Zähnen. Hinzu kam, dass mir plötzlich von dem Geruch von Kaffee übel wurde. Dabei gibt es für mich als Hobby-Barista eigentlich nichts Besseres, als den Duft von frisch gemahlenen Bohnen. Die Umstellung auf Tee am Morgen nervte mich kolossal! Als ich mir dann eines Abends einen Rotwein gönnen wollte, meldete sich eine mir bisher unbekannte Stimme in meinem Kopf: Heißhungerattacken und Übelkeit, hoooplaaaa, Madame! Könnte es sein, dass ich schwanger war? Ich schob den Gedanken schnell beiseite. Es war schon spät am Abend und der Gedanke zu kompliziert für diese Uhrzeit. Den Rotwein ließ ich vorsichtshalber trotzdem in der Flasche. Am nächsten Tag hatte ich nach einem ausgiebigen Sonnenbad ausnahmsweise keine Lust auf Frittiertes, sondern auf Sushi. Als ich jedoch die Packung voller Vorfreude in der Hand hielt, meldete sich wieder diese schrille Stimme in meinem Kopf: Roher Lachs? Was ist, wenn ich schwanger bin? Okay, du Nervensäge, sagte ich zu mir selbst, du hast gewonnen. Ich kaufe mir einen Schwangerschaftstest.

In meinem Kopf war das Thema schnell abgehakt: Test kaufen, negatives Ergebnis sehen und Sushi mampfen.

Doch so schnell wie gedacht gab es keine Auflösung für meine mittlerweile sehr starken Irrungen und Wirrungen meiner Gefühle. In den Drogeriemärkten im Süden Bayerns gab es keine

Schwangerschaftstests. Entweder war der Corona-Lockdown tatsächlich eine überdurchschnittlich fruchtbare Zeit und die Dinger waren alle ausverkauft. Oder aber der Einzelhandel glaubte, dass die Menschheit in Zukunft nur noch Corona- statt Schwangerschaftstests brauchen würde. So oder so stand ich vor dem Dilemma, mein Sushi nach ein paar Tagen frustriert wegwerfen zu müssen. Und so gingen die Tage dahin. Ohne dass ich Klarheit über meine Vermutung bekam. Nach vier weiteren Tagen verabschiedete ich mich schließlich von Günther und Gisela und fuhr zurück nach Hause.

Knut blieb beladen. Denn meine zweite Urlaubswoche wollte ich gemeinsam mit Ehemann T am Meer verbringen. Und da meine Hormone mittlerweile vor lauter Nervosität, Spannung und Unsicherheit Achterbahn fuhren, priorisierten wir auf der Fahrt an die Nordsee die Suche nach einem Schwangerschaftstest. Long Story short: Weitere drei Tage später wurden wir fündig. Und hielten kurz darauf das glasklare Ergebnis in unseren Händen.

WENN DAS LEBEN EINEN NEUEN ZEITPLAN VORGIBT

Früher stellte ich mir den Moment, in dem ich einen Schwangerschaftstest machen würde, sehr romantisch vor. Ich hatte dabei typische Filmszenen im Kopf: Die Frau steht nervös mit dem berühmten blau-weißen Teststreifen im Badezimmer, sie hält die Luft an, wirft schließlich die Hand vor den Mund und fällt anschließend überglücklich ihrem Mann in den Arm, dem vor Rührung Tränen die Wange herunterkullern. Nebenher zeichnet die Handykamera das Geschehen auf, sodass das Glück einige Wochen später mit den Freunden geteilt werden kann. Bei mir sah die Realität eine Nummer unromantischer aus und war definitiv nicht hollywoodreif. Ich stand im Knut, der zu diesem Zeitpunkt noch eine Baustelle und kein fertig ausgebauter Van war. Vor unserem Camper schlappte ein Mann mit Badelatschen vorbei und zog dabei eine Chemietoilette hinter sich her. Nebenan im Wohnmobil drehte jemand den Schlagersong lauter. Und meine erste Reaktion, als ich die beiden Striche auf dem Test erkannte, war ein ungläubiger Blick. Ein sehr ungläubiger Blick. Das Erste, was ich sagte? Hä, echt jetzt?

Verwirrung.

Noch ein Test.

Wieder zwei Streifen.

Sehr deutliche Streifen.

Das Stellplatzleben nahm seinen ganz normalen Lauf, während im Knut kurz die Zeit stehen blieb. Was für ein Moment! In meinem Kopf herrschte Gedanken-Zirkus. Da war sowas wie „Wir werden echt Eltern. Wow, wie schön!" in Kombination mit unglaublicher Vorfreude. Aber da war auch Sorge und Angst darüber, wie sich unser Leben verändern wird. Ein Gedanke war in den ersten Tagen nach dem Test besonders stark: „Halt Stopp, kann bitte jemand kurz den Film anhalten? Ich hatte doch einen anderen Plan im Kopf."

> **KANN BITTE JEMAND KURZ DEN FILM ANHALTEN? ICH HATTE DOCH EINEN ANDEREN PLAN IM KOPF.**

Ich wollte Kinder bekommen und eine eigene Familie gründen. Ich fühlte mich grundsätzlich auch bereit für diesen Schritt. Aber mich stresste der auf einmal entstandene sehr konkrete Zeitplan. Denn ich hatte eigentlich eine Vorstellung davon, wo ich mich zum Zeitpunkt der Familiengründung befinden würde: beruflich, örtlich und gesundheitlich. Ich hatte einen genauen Abstand im Kopf zwischen dem ersten und zweiten Kind. Ich hatte eine Idee für all diese Details – und mein Leben spielte gerade anders. So unglaublich schön die Nachricht über die Schwangerschaft war, so herausfordernd war sie gleichzeitig am Anfang auch für mich. Es brauchte etwas Zeit, um meine Vorstellungen über den perfekten Zeitpunkt loszulassen und mich auf die neue Timeline einzulassen.

WUNDER LASSEN SICH NICHT PLANEN

Ich glaube, über die Diskrepanz zwischen Vorstellung und Realität in Sachen Familienplanung stolpert jeder in dieser Lebensphase früher oder später einmal: Manche Kinder kommen früher, manche später als gedacht und manche – und das ist besonders schmerzhaft! – kommen gar nicht. In dieser Hinsicht beweist jeder, der sich auf diese Familiensache einlässt, Mut: Nämlich den Mut, sich überraschen zu lassen. Wenn ich eines in dieser Zeit des Loslassens der eigenen Pläne gelernt habe, dann vor allem, dass Kinder Wunder sind. Jedes einzelne Kind, das entstehen darf, ist ein so krasses Geschenk! Und: Wunder lassen sich nicht planen. Wunder passieren außerhalb meines Gestaltungsraums. Natürlich kann ich etwas dafür tun, um die Grundlage für die Entstehung eines Wunders zu legen – das ist offensichtlich. Aber die Entstehung an sich liegt nicht in meiner Hand. Das ist eines der Dinge im Leben, die jemand anderes lenkt und bestimmt. Nenn es Schicksal, Licht oder Magie – ich benenne Gott als denjenigen, der die Macht hat, Wunder entstehen zu lassen. Ich glaube nicht, dass der Zeitpunkt meiner Schwangerschaft Zufall war. Ich glaube, Gott hat diesen Zeitpunkt festgelegt. Ich glaube, er schmiedet mindestens genauso gerne Pläne wie ich. Seine Pläne sind nur eine ganze Nummer durchdachter und vollkommener: Weil er alle Faktoren meines Lebens dabei im Blick behält, während ich immer nur einen Teil davon sehen kann. Und ich durfte erleben, dass Gott seine Perfektion im Planen bei meiner Schwangerschaft definitiv unter Beweis gestellt hat. Den Startschuss in das Familienleben habe ich als eine überraschende, aber wunderschöne Zeit in Erinnerung. Heute frage ich mich oft, warum ich dachte, dass ich das alles hätte planen können. Habe ich wirklich geglaubt, ich weiß den perfekten Zeitpunkt für etwas, was ich gar nicht kennen und greifen kann?

> **HEUTE FRAGE ICH MICH OFT, WARUM ICH DACHTE, DASS ICH DAS ALLES HÄTTE PLANEN KÖNNEN.**

Klar, ich hätte gern den alles entscheidenden Moment im Knut etwas glamouröser in Erinnerung. Aber ey, darum geht es am Ende nicht. Das sind im Rückblick betrachtet Nebensächlichkeiten. Genauso wie das weggeworfene Sushi. In den vergangenen drei Jahren mit zwei Schwangerschaften und zwei Geburten war ich so erfüllt von Freude wie selten zuvor in meinem Leben. Und das ist es, was für mich am Ende viel mehr zählt. Diese Freude habe ich nicht erlebt, weil ich es perfekt geplant hätte. Sondern weil ich mich auf Überraschungen eingelassen habe. Und ich bin super gespannt, wann und womit Gott mich beim nächsten Mal überraschen wird.

Wäre nur nice, wenn es nichts mit Heißhungerattacken zu tun hat!

ZUM BEISPIEL:

Elf Jahre bis zum Traum Familie

WENN ES ANDERS KOMMT ALS GEDACHT

Unsere Erfahrungen könnten unterschiedlicher nicht sein: Während ich von heute auf morgen – mit ein paar Schwangerschaftstest-Suchaktion-Umwegen – in das Kapitel Familie gestolpert bin, hat Mirjam Eisenhardt in elf Jahren Kinderwunsch ihr Durchhaltevermögen und ihren Mut, alternative Wege zu gehen, unter Beweis gestellt. Ein Gespräch über eine bewegende Familiengeschichte, bei der alles anders kam als gedacht.

MIRJAM EISENHARDT

ist Mutter von zwei Kindern, gelernte Kinderkrankenschwester und so begeistert von Schweden, dass sie mit ihrer Familie dorthin auswandert.

mirjam_eisenhardt

Als Teenager hatte ich ein Bild von meiner Zukunft als Erwachsene, auf dem keine Familie abgebildet war. Ich war mir zu diesem Zeitpunkt noch nicht sicher, ob das zu mir passt und ob ich das möchte. War für dich schon immer klar, dass du Familie gründen willst?

Ja! Ich hatte den Kindheitstraum, dass ich Kinderkrankenschwester und Hebamme werde und irgendwo nach Afrika gehe, dort einen Einheimischen heirate und eine afrikanische Familie gründe. So habe ich mir mein Leben vorgestellt. Dann habe ich meinen heutigen Ehemann Martin kennengelernt, der einen sehr hellen Hautton und einen roten Bart hat, also eher wie ein Ire aussieht – genau das Gegenteil von dem, was ich mir vorgestellt hatte. Gemeinsam mit Martin entwickelte ich ein neues Familienbild: Wir träumten von vier eigenen Kindern. Ich wollte früh Mama werden und viel Zeit mit meinen Kindern verbringen. Und ich habe mir gewünscht, dass meine Kinder die Locken von meinem Mann bekämen.

Ist diese Vorstellung Realität geworden?

Nein, es kam ganz anders. Es fing damit an, dass wir nicht so „einfach" schwanger wurden wie erwartet. Bei einem ärztlichen Check kam raus, dass wir beide auf natürlichem Weg keine Kinder bekommen können. In einer Kinderwunschpraxis informierten wir uns anschließend über die Option der künstlichen Befruchtung und entschieden uns – nach ausreichend Zeit der Überlegung – für diesen Weg. Leider verlief dieser Schritt nicht so einfach, wie ich es mir vorgestellt hatte. Mein Körper reagierte heftig auf die Hormontherapie, ich litt körperlich und psychisch sehr unter der Hormonumstellung. Später stellten die Ärzte fest, dass der Grund dafür war, dass mein Körper sehr viel mehr Eizellen produzierte, als das in der Regel passiert. Das hatte zur Folge, dass meine Eileiter und Eierstöcke um das Vielfache anwuchsen. Auf einmal war ich eine Risikopatientin und mir ging es gesundheitlich wirk-

lich nicht gut. Ich litt in dieser Zeit auch unter starken Selbstzweifeln. Um mich herum wurde eine Freundin nach der anderen schwanger. Es schien bei allen einfach zu funktionieren. Und ich fragte mich immer wieder: Was ist nur los mit mir? Bin ich zu doof dafür?

Uff, ich kann mir vorstellen, dass so eine Zeit auch die Beziehung ordentlich auf die Probe stellt, oder? Wie habt ihr das erlebt?

Das mussten wir zum Glück nicht erleben. Martin und ich haben immer zusammengehalten. Wir haben es uns auch nie gegenseitig zum Vorwurf gemacht, wer wie viel zu der Situation, dass wir keine Kinder bekommen können, beiträgt. Wir wussten: Unsere Geschichte geht – ob mit oder ohne Kinder – weiter. Für unsere Partnerschaft brauchten wir keine Kinder. Aber die Vorstellung, dass, wenn wir später einmal die 5 oder 6 beim Alter vorne stehen haben, wir von unseren Werten nichts weitergeben konnten, hat uns traurig gemacht. Deshalb sind wir mit dem Kinderwunsch weitergegangen.

Für jeden von uns einzeln betrachtet war das aber natürlich eine herausfordernde Zeit. Am schwersten fand ich, dass der unerfüllte Kinderwunsch ein Tabuthema in unserer Gesellschaft ist. Irgendwie herrscht doch meistens die Vorstellung, dass man den Partner fürs Leben findet, vielleicht sogar heiratet und dann zwei, drei Jahre später Kinder bekommt. Wir waren schon über diese zwei Jahre drüber und haben natürlich solche Kommentare wie „Wollt ihr keine Kinder?!" gehört. Das tat weh.

Schwer fiel es mir außerdem, wenn andere Paare, die schwanger wurden, ihr Glück nicht mit uns teilen konnten. Das hat mich enttäuscht und geärgert. Ich habe zwar über unsere Situation getrauert, aber ich konnte mich trotzdem zur selben Zeit mitfreuen – und das wollte ich auch.

Nach drei Versuchen mit einer künstlichen Befruchtung habt ihr euch dafür entschieden, dass die Kinderwunsch-klinik keine weitere Option mehr für euch ist. Was hat dir dabei geholfen, den Wunsch nach leiblichen Kindern loszu-lassen?

Ich nahm mir Zeit und Raum, um zu trauern. Einmal habe ich zum Beispiel einen Brief an meine Kinder geschrieben, die durch die Be-fruchtung ja bereits gelebt haben, aber nicht überleben konnten. Beim Schreiben wurde mir klar, dass ich sie loslassen kann, weil ich sie bei Gott im Himmel weiß. Ehrlich gesagt bin ich richtig gespannt, wie viele Kinder mich später im Himmel erwarten und wie sie aussehen – vielleicht haben ja welche Locken.

Es war superwichtig, meine bisherigen Vorstellungen von unserer Zukunft als Familie loszulassen. Nur so konnte ich ein neues Bild zu-lassen und weitergehen. Und ich hatte immer die Hoffnung, dass et-was kommen wird, was zu uns passen wird.

Wir entschieden uns schließlich für eine Geschwister-Adoption aus dem Ausland. Unsere Kinder durften wir selbst auf Haiti abholen und zu uns nach Hause bringen: Unsere zwei karibischen Wirbelstürme. Dieses Jahr feiern wir sechs Jahre Familie. Ich weiß noch genau, wie emotional es war, das erste Mal ihre Bilder auf dem Bildschirm unseres Laptops zu sehen. Ich habe nie eine Geburt erlebt, aber die Emotionen waren sicherlich sehr ähnlich.

Im Rückblick ist es spannend zu sehen, dass ich jetzt doch noch dunkelhäutige Kinder bekommen habe – so ähnlich wie ich es mir mit meinem Afrika-Traum damals vorgestellt hatte. Ich könnte nicht glücklicher sein! Das lässt mich daran glauben, dass es einen roten Faden im Leben gibt und dass ich vertrauen darf, dass der Moment kommt, in dem ich ihn erkenne.

Wie habt ihr die 11 Jahre des Wartens und Hoffens als Paar erlebt?

Wir wollten nicht bloß warten, sondern die kinderlosen Jahre so gut es geht auskosten. Wir haben die Welt mit Rucksack, Kanu und zu Fuß bereist und waren unter anderem in Afrika, Indien und Südamerika. Auf diese Weise haben wir innerlich aufgetankt – das war richtig wertvoll und wichtig für unseren Prozess.

Unser Wunsch, eine Zukunft mit Kindern zu erleben, hat uns eine höhere fünfstellige Summe gekostet. Erst für die Hormontherapien und dann für die Adoption. Bei so einer Summe muss man als Paar zusammenhalten, sonst funktioniert das nicht. Deshalb haben wir in diesen Jahren viel darauf geachtet, im Gespräch zu bleiben. Besonders über den Kinderwunsch. Denn ein Wunsch kann sich auch verändern.

Und manchmal entwickeln sich neue Wünsche, die den alten Wunsch ablösen ...

Genau. Manchmal geht es auch darum, einen Wunsch etwas umzugestalten, damit er real werden kann. In meinen Kinderwunsch-Jahren durfte ich lernen, nicht am Boden liegen zu bleiben, wenn etwas nicht direkt in Erfüllung geht, sondern alternative Wege zu suchen. Und das, was dadurch entstanden ist, ist unglaublich schön!

Danke, dass du euren besonderen Weg zum Familienglück mit uns geteilt hast!

ZUM WEITERDENKEN:

Drei Tipps, um loszulassen. Und Platz für Neues zu schaffen.

Egal, ob es der Regen im Urlaub oder die Absage für einen Job ist, den ich unbedingt haben wollte: Nicht nur in der Familienplanung läuft es manchmal anders, als ich es mir vorgestellt habe. Diese drei Gedanken helfen mir weiter, wenn ich am liebsten den Kopf in den Sand stecken würde, weil meine Pläne nicht aufgehen.

1. TRÄNEN, BABY!

Es ist irgendwie zermürbend, wenn man beschließt, das Leben nicht einfach dahinplätschern zu lassen, sondern konkrete Vorstellungen entwickelt, Pläne austüftelt und sich Ziele steckt. Und dann erleben muss, dass alles ganz anders kommt. Als ich feststellte, dass ich schwanger war, und zwar zu einem früheren Zeitpunkt als geplant, habe ich gelernt, dass unterschiedliche Gefühle parallel existieren können und dürfen: Ich kann mich unglaublich über dieses Wunder freuen. Und gleichzeitig kann ich traurig darüber sein, dass meine Vorstellung über das Timing nicht aufgegangen ist. Der einzige kluge Weg, damit umzugehen war für mich, die Enttäuschung zuzulassen – und zwar unabhängig davon, ob sie von anderen nachvollzogen werden konnte oder nicht. Ich muss um meine zerplatzten Pläne trauern dürfen. Nur dann erkenne ich irgendwann das Gold, das auf dem neuen Weg liegt.

2. MUT ZUR LÜCKE

Wenn die Enttäuschung langsam abklingt und ich mich wieder aus meiner Trauer-Höhle heraustraue, würde ich mich am liebsten direkt in etwas Neues stürzen. Es fällt mir verdammt schwer, aber hilft mir ungemein, wenn ich mich dann erstmal selbst bremse. Dabei entsteht eine Lücke, weil etwas zerbrochen ist und etwas Neues noch nicht angefangen hat. Genau diese Zwischenzeit brauche ich, um mir bewusst zu machen, dass es keine Pläne braucht, um zu leben. Und manchmal sogar mitten in der Planlosigkeit der beste Plan am Start ist.

3. WEITERTRÄUMEN

Sobald ich dann wieder Neugierde entwickle für das, was kommt, dann weiß ich: Es ist Zeit, nach vorne zu schauen und weiterzugehen. Dabei frage ich mich, was ich aus dem zerplatzten Plan lernen kann, was für Chancen es in der neuen Situation gibt und für was jetzt, anstelle meiner ursprünglichen Idee, Zeit und Raum ist.

Was mir dabei hilft, Antworten zu finden? Natürlich – wie könnte es anders sein – Listen zu führen. Ein Moodboard kann ebenso hilfreich sein. Ein Moodboard ist eine Art Collage aus Bildern, Zitaten und Illustrationen, die mich inspirieren und ansprechen; die etwas von dem ausdrücken, wie ich mir die Zukunftsversion meines Lebens vorstelle.

Und dann träume ich wild. Oder wie Mirjam Eisenhardt es sagen würde: Ich bleibe nicht am Boden liegen, sondern suche alternative Wege und gehe weiter.

Partnerschaft:

ZWISCHEN NÄHE UND VERTRAUEN

6

Vor Knut gab es noch einen weiteren treuen Abenteuergefährten in meinem Leben: ein roter VW-Bus, T3, mit dem charmanten Namen Bernie. Bernie habe ich besonders geliebt. Wir schliefen darin ganz simpel, einfach mit einer Matratze auf dem Boden. Bis uns diese Lösung zu unbequem vorkam und mein Mann einen ersten Mini-Camper Ausbau wagte. Leider kamen wir nie in den Genuss der selbstgebauten Möbel, denn Bernie blieb kurz nach der Fertigstellung mit einem lauten Knall vor der Autobahnauffahrt stehen. Der gelbe Engel meinte damals „Motorschaden". Die Trauer war unendlich groß – sometimes life is shitty. Doch das ist eine andere Geschichte. Was viel spannender ist: Lange vor dem Knall, der das Ende der Bernie-Ära markierte, fuhr ich mit Ehemann T, damals noch Freund, an einen kleinen See im hessischen Hinterland. Es sind genau diese Art von Trips, die ich am meisten vermisse, seitdem wir Kinder haben. Einfach mal spontan zu zweit losfahren. Nur mit Zahnbürste und Cornflakes. Ohne Taschen-Packerei. Ohne an

Windeln, Brei, Wechselkleidung und Spielsachen denken zu müssen. Nur wir. Zweisamkeit Deluxe.

In diesem Kapitel erzähle ich mehr von dem besagten VW-Bus-Trip. Dieser Ausflug hat eine wichtige Vertrauensgrundlage in unserer Beziehung geschaffen, die wir momentan mehr denn je brauchen, um uns im Leben als Eltern nicht aus dem Blick zu verlieren. Ich würde es feiern, wenn dir die nächsten Seiten den Rückenwind dafür geben, um trotz Job, Haushalt und/oder Kindern eine intensive Paarzeit zu erleben.

EINE SCHLAUCHBOOTFAHRT MIT FOLGEN

„Du hast jetzt nicht ernsthaft doch das Schlauchboot gekauft, oder?", schnaufe ich verärgert als mein damaliger Freund Ehemann T aus dem Kofferraum das aufblasbare Monster zieht. „Ich hatte doch deutlich gesagt, dass ich dagegen bin", pflaume ich weiter. Ehemann T reagiert kaum, zuckt nur die Achseln und beginnt, die einzelnen Teile der Luftpumpe zusammenzustecken. Erst neulich standen wir gemeinsam im Discounter, in dem es genau dieses gelbe Riesending im Angebot gab. Ehemann T war in seiner Begeisterung über das unschlagbare Preis-Leistungsverhältnis und darüber, dass er so ein Boot schon immer haben wollte, kaum zu bremsen. Ich hingegen fand es überflüssig. So was braucht nicht jeder deutsche Haushalt im Keller liegen haben, nur um es einmal im Jahr aufzupumpen, dachte ich. Ressourcen schonen und die Raumkapazitäten unserer kleinen Wohnung im Blick behalten: Das waren meine Argumente. Ich gewann die Diskussion und wir gingen schließlich ohne das gelbe Schlauchboot aus dem Laden. Keine Ahnung, wie es jetzt doch den Weg in den Kofferraum von Bernie gefunden hat. Ich will es ehrlich gesagt auch gar nicht wissen. Ich bin einfach nur sauer.

Man, ist dieser Mann dreist, denke ich.

Die nächste Stunde reden wir kaum. Irgendwann beginnt Ehemann T damit, mich zu einer abendlichen Rundfahrt auf dem See zu überreden. Allein aus Prinzip wäre ich eigentlich lieber an Land geblieben. Aber die Abendsonne ist wunderschön und ich muss mir eingestehen, dass der Gedanke, bei dieser Atmosphäre auf dem See zu sein, schon irgendwie ein bisschen verlockend ist. Also knicke ich ein und komme mit.

Wir paddeln los. Eher gesagt: Ehemann T paddelt und ich

sitze ihm schweigend gegenüber. Aus seinem Rucksack zaubert er eine Wassermelone: Wow, guter Versöhnungsversuch, denke ich, und lasse mich auf die Bestechung ein. Kurz darauf zückt er eine Sektflasche und schenkt uns jeweils ein Glas ein. Also jetzt übertreibt er. Ganz so schlimm war der Schlauchbootkauf jetzt auch wieder nicht. Andererseits könnte ich mich an solche Aktionen gewöhnen, sollte er nochmal einem Discounter-Schnäppchen verfallen – also sage ich nichts und genieße einfach. Sommerabend, Sonnenuntergang, Sekt, Melone, Boot: Perfektion on Point.

Aus dem Augenwinkel beobachte ich, wie mein Schlauchbootkäufer das gefüllte Glas hastig runterkippt und sich schnell nachschenkt. Auch die zweite Runde haut er sofort in den Rachen. Dann deutet er auf mein Glas, ob ich nichts trinken möchte? Junge, ich will mir hier nicht auf offenem Wasser die Kante geben, denke ich. Lass doch mal genießen. Doch als ich das kleine Schächtelchen in seiner zittrigen Hand sehe, wird mir alles klar: Der geheime Bootskauf, seine Überredungskünste, mit auf das Schlauchboot zu kommen, die Melone, der Sekt ... wie sagt man so schön, es fällt mir wie Schuppen von den Augen und auch meine Hand beginnt zu zittern, an der kurze Zeit später ein wunderschöner Ring glänzt.

JOUR FIXE IN DER EHE

Was für ein Start in das Abenteuer Ehe! Wenn ich heute daran zurückdenke, muss ich schmunzeln und kann es selbst nicht glauben, dass ich mich mit meinem Ärger über das Schlauchboot fast um einen Heiratsantrag gebracht hätte. Mich hat dieses Erlebnis einiges gelehrt in Sachen Vertrauen und es erleichtert einiges, dass ich meinem Mann mittlerweile leichter einen Vertrauensvorschuss bei Einkäufen geben kann. Klar, das liegt vor allem daran, dass wir uns nun – sieben Jahre später – viel besser kennen. Und natürlich hat das auch praktische Gründe. Denn ich kann mich nicht daran erinnern, wann wir das letzte Mal zusammen im Supermarkt vor den Angeboten der Woche standen. Der Wocheneinkauf gehört, seitdem wir berufstätig sind und Kinder haben, zu den Aufgaben, die wir uns aufteilen, anstatt sie gemeinsam zu erledigen. Entsprechend selten erlebe ich spontane, situative Kaufentscheidungen meines Mannes. Häufig erfahre ich von den Schlauchbooten in unserem Leben erst, wenn sie schon im Keller stehen. Und das ist okay für mich. Weil ich ihm vertraue. Ich vertraue ihm, dass er weise mit unserem Geld umgeht und dass er mich und meine Bedürfnisse bei seinen Entscheidungen nicht vergisst.

Trotz allem ist Vertrauen in Sachen Finanzen nach wie vor eines der heißen Themen in der Ehe. Dicht gefolgt von Sex und Schwiegereltern. Vertrauen entstand nicht einfach mit dem Ja-Wort in der Kirche. Vertrauen war nicht plötzlich da, als ich den Ring am Finger hatte. Ich musste mich entscheiden, Vertrauen zu lernen. Ich bin nach wie vor im Lernprozess. Was mir dabei hilft? Ganz einfach: Gespräche! Ohne geht es nicht.

Seit Neustem haben wir deshalb neben unserem wöchentlichen Date-Abend auch ein Jour fixe. Jeden Samstagabend, bevor wir den Sonntag und damit unseren

> **VERTRAUEN WAR NICHT PLÖTZLICH DA, ALS ICH DEN RING AM FINGER HATTE. ICH MUSSTE MICH ENTSCHEIDEN, VERTRAUEN ZU LERNEN.**

No-to-do-Day einläuten, stecken wir gemeinsam die Köpfe in unsere digitalen Kalender. Dabei besprechen wir die bevorstehende Woche, gehen Tag für Tag durch, informieren uns über anstehende Aufgaben, sortieren Termine, teilen Haushalt und Kinderbetreuung auf und kommen über Wünsche sowie Ziele für die Woche ins Gespräch. Wir reden auch über das, was jeder auf seiner Mental-Load-Liste stehen hat, auf der sich all die gewöhnlichen Alltagsaufgaben tummeln, die in der Summe zur Belastung werden.

Ich glaube nicht, dass wir diesen Jour fixe brauchen, weil wir uns gegenseitig nicht vertrauen. Sondern ich glaube, dass dieses Gespräch die Grundlage von Vertrauen ist. Denn auf diese Weise entscheiden wir gemeinsam, wer welche Aufgaben mit auf den Weg nehmen möchte und überlassen die Umsetzung dem anderen. Inklusive einer ordentlichen Portion Vertrauen. Genau das fühlt sich nach einem gemeinsamen Leben an – auch wenn wir nicht mehr gemeinsam vor den Angeboten der Woche im Supermarkt stehen. Es fühlt sich danach an, dass wir denselben Weg gehen, auch wenn wir nicht immer Hand in Hand unterwegs sein können. Und das ist mir gerade in dieser wilden, vollen Lebensphase mit Job, Haushalt und Kindern sehr wichtig geworden: Dass wir Nähe schaffen, auch wenn wir nicht immer nah nebeneinander sitzen.

> ES FÜHLT SICH DANACH AN, DASS WIR DENSELBEN WEG GEHEN, AUCH WENN WIR NICHT IMMER HAND IN HAND UNTERWEGS SEIN KÖNNEN.

KEIN ÜBERSTÜRZTES MISSTRAUENS-VOTUM

In diesem Vertrauensding dem Partner gegenüber habe ich gelernt, dass Vertrauen auch heißt, es nicht direkt auf die Waage zu legen, wenn etwas anders läuft, als wir es abgesprochen haben. Ehemann T ist ein unglaublich souveräner, strukturierter und organisierter Mensch. Trotzdem passieren auch ihm manchmal schusselige Sachen. Einmal waren wir auf einer mehrtägigen Wanderung und wollten in der Natur unser Zelt aufschlagen. Am Abend stellte er fest, dass er vergessen hatte, das kleine Outdoorzelt einzupacken. Ähnlich erging es uns bei einem Ausflug in der Wüste, bei dem er vergaß, die Wasserflasche mitzunehmen – was bei 40 Grad ohne Schatten echt unpraktisch war. In solchen Momenten habe ich die Wahl: Ich kann mich ärgern und – um es politisch zu sagen – ein Misstrauens-Votum aussprechen. Oder ich entscheide mich, nicht zuzulassen, dass solche Kleinigkeiten meine Vertrauensentscheidung ins Wanken bringen, sondern nehme es mit Humor. Manchmal entstehen nämlich gerade dadurch die schönsten Momente. Dabei denke ich vor allem an diese grandiose Geschichte mit dem gelben Schlauchboot, das ich nicht besitzen wollte und über das ich heute mehr als glücklich bin.

Mittlerweile hat auch ein aufblasbares Kajak seinen Weg in unseren Keller gefunden. Ich war beim Kauf nicht dabei. Aber es gab einen kurzen Schnack darüber im Vorhinein. Ich habe okay gesagt. Obwohl ich nach wie vor finde, dass unser Keller zu klein für solche Anschaffungen ist. Aber wenn ich ehrlich bin, genieße ich jede einzelne Ausfahrt, die uns das Gummiteil ermöglicht, sehr. Das würde ich aber niemals laut sagen. Denn ich habe etwas Angst vor dem nächsten Ozeandampfer, den es in der Kategorie „aufblasbar und groß" in den Angebotswochen beim Discounter zu erwerben gibt.

ZUM BEISPIEL:

Kinder als Beziehungskiller?

WIESO PAARZEIT IM FAMILIENALLTAG PLATZ FINDEN SOLLTE

Seitdem wir im Eltern-Ding drin sind, fehlt mir immer mal wieder die Leichtigkeit in unserer Ehe. Ich vermisse die Zeit, als unser größtes Problem die Entscheidung war, ob wir beim Asiaten oder Italiener Essen bestellen. Stattdessen drehen sich unsere Gespräche um Steuererklärungen, Elterngeldkasse, Autoversicherung und ob es sich lohnt, einen Trockner zu kaufen. Genau diese Phase kennt Flo Mack nur zu gut, hat das meiste davon aber schon hinter sich. Mit ihm habe ich über seine Learnings aus dieser Phase gesprochen. Privat und beruflich. Denn Flo hat nicht nur eine eigene Familie, er leitet auch „wildly" – ein Unternehmen, das helfen will, Beziehungen lebendig zu gestalten.

Ein Gespräch darüber, wie die Partnerschaft trotz Kindern lebendig bleibt.

FLO MACK

ist Vater, Netzwerker, Kreativer und Gründer von *wildly.club*

www.wildly.club
🅞 flomack

Deine Kinder sind 9 und 6 Jahre alt. Ich stelle mir vor, dass man da als Paar schon wieder mehr Möglichkeiten hat, lebendige Zweisamkeit zu haben. Wie sieht eure Zeit zu zweit momentan aus?

Ja, das stimmt. Gerade dieses Wochenende zum Beispiel haben wir einen Wochenendurlaub nur zu zweit verbracht. Das war so gut! Uns ist es sehr wichtig, gemeinsam Zeit zu verbringen. – Nicht nur für die Paarebene, sondern auch für unser Familienleben. Eine Familienkultur wächst, ähnlich wie bei Unternehmen, von innen nach außen. Das heißt von uns als Ehepaar zu den Kindern. Wenn wir als Paar keine schöne Beziehung haben, dann können wir das auch nicht mit den Kindern erleben.

Wir haben einmal die Woche einen Abend, an dem wir uns nicht bloß nur sehen, sondern wirklich etwas gemeinsam unternehmen und reden. Wenn wir einen Babysitter organisiert bekommen, gehen wir gern essen. Seitdem ich wildly gegründet habe, probieren wir die Date-Ideen, die ich dafür konzipiere, auch selbst aus. Mein Highlight in der letzten Zeit war, als wir uns in einem Restaurant verabredet haben und jeder in einem Outfit kam, das der andere noch nicht kannte. Das hat sich angefühlt wie ein zweites erstes Date. Voll besonders!

Wenn wir keinen Babysitter haben, um rausgehen zu können, bleiben wir daheim und investieren in Gespräche. Wir sind jetzt 17 Jahre zusammen, da denkt man schnell, man habe sich schon alles gesagt. Das stimmt aber nicht. Man muss nur neue Gesprächsthemen finden. Mir helfen Podcasts und Bücher dabei, um neuen Input in die Beziehung zu bringen. Wachstum in der Beziehung hat meiner Meinung nach immer auch mit eigenem Wachstum zu tun.

Eine Freundin von mir würde sagen: Liebe ist Arbeit, Arbeit, Arbeit.

So hart das klingt, es stimmt. Was voll spannend ist: Die Statistiken sagen, dass sich in den ersten 12 Monaten ungefähr 60 Prozent der Paare wieder trennen. Trotzdem möchte doch jeder, der eine Beziehung eingeht, diese nicht nach einem Jahr wieder verlieren. Stell dir vor, du würdest ein Auto kaufen, aber der Verkäufer würde sagen, zu 60 Prozent besteht die Wahrscheinlichkeit, dass das Auto demnächst einen Motorschaden bekommt. Keiner würde so ein Auto kaufen. Aber trotzdem gehen wir eine Beziehung ein und glauben, dass es bei uns schon irgendwie funktionieren wird. Dabei ist von vornherein klar, dass es nicht „einfach irgendwie funktioniert". Für eine lebenslange Beziehung muss man arbeiten und viel Kraft investieren. Ich vergleiche es immer so: Genauso viel Zeit, wie ich am Anfang investiere, um die Person von mir zu überzeugen, dass sie mit mir zusammenkommt, genauso viel Zeit brauche ich auch, um die Beziehung am Laufen zu halten.

Wenn du Freunde hättest, die gerade frisch Eltern von Zwillingen geworden sind: Was würdest du denen für ihre Paarbeziehung raten?

Ich würde sagen, bringt die Babys mal für einen Nachmittag zu mir rüber.

Mit dir will ich auch befreundet sein.

Wie wertvoll so ein Angebot ist, versteht man echt erst, wenn man eigene Kinder hat, oder?! Im Ernst: Ich würde den beiden Verständnis zeigen und Mut machen, durchzuhalten. Das Wichtigste ist, dass sie nicht aufhören zu reden, auch wenn es ständig nur darum geht, wie schwer diese Phase ist. Ich würde sagen, dass sie deshalb ihre Beziehung nicht hinterfragen müssen; dass das irgendwie normal ist. Und ich würde ihnen empfehlen, mit anderen Familien in den Urlaub zu fahren. Das tut uns immer so gut. Die Kinder sind mit anderen Kindern beschäftigt und man kann sich gegenseitig die Kids abnehmen.

Aber ganz ehrlich, Zwillinge im ersten Babyjahr: Das ist crazy! Da funktionieren auch keine regelmäßigen Date-Nights mehr, weil ständig jemand rumgetragen werden muss. Und das ist dann auch für diese Phase okay. Es kommt wieder eine andere Zeit.

Puhh, wieso dann überhaupt noch Kinder bekommen, wenn sie die Beziehung so auf den Prüfstand stellen können?

Na, wegen des Kindergeldes. Scherz! (lacht) Ich habe gestern erst Videos angeschaut von damals, als meine Kinder zwei Jahre alt waren. Oh wow, das war emotional. Ich erinnere mich noch genau daran, wie viel mir die Zeit mit ihnen gegeben hat, einfach gemeinsam auf dem Bett liegen, mit ihnen kuscheln und das alles. Sowas gibt dir Leben. Das ist unbeschreiblich! Ich kann eine Villa mit allem Drum und Dran besitzen, aber wenn ich solche Videos sehe, weiß ich, dass das mir niemals das wahre Glück geben wird. Am Familientisch zu sitzen und jeder erzählt, was er am Tag erlebt hat, das ist für mich Glück.

Und mal ehrlich: Niemand möchte gern ohne Kinder alt werden, oder? Also ich kann mir zumindest ein Leben im Alter nicht ohne Familie um mich rum vorstellen. Dafür nehme ich die anstrengenderen Phasen in Kauf.

Was für ein feines Schlusswort, das lass ich genau so stehen. Danke für deine Perspektive, Flo!

ZUM WEITERDENKEN:

Bye, bye Sofaeinsamkeit

ZEIT FÜR GEMEINSAME ERINNERUNGEN

Letztens waren wir bei einem befreundeten Paar, ebenfalls Eltern, zum Frühstück eingeladen. Auf die Frage: „Und was macht ihr abends so?", meinte er: „Netflixen, was sonst? Gibt ja nicht viele andere Möglichkeiten."

Wir netflixen nie. Und trotzdem fühle ich das, was er damit gesagt hat, sehr. Lange Abende auf dem Sofa, bei denen jeder in seinen Laptop schaut, sind manchmal nett. Aber auf Dauer ein richtiger Lebendigkeitskiller. Wenn wir jeden Abend so verbringen, dann macht das etwas mit uns. Dann fühlen wir uns nicht nahe, obwohl wir dicht nebeneinander auf dem Sofa sitzen. Deshalb haben wir unter anderem diesen einen Abend in der Woche fix, an dem wir uns gegenseitig motivieren, etwas zu erleben. Selbst wenn wir dafür im Wohnzimmer bleiben.

Hier ist Platz für eure Beziehung. Um Quality-Momente zu planen. Und vor allem um herauszufinden, was ihr braucht, um solche besonderen Momente für euch zu schaffen.

FRAGEN FÜR DEN WEG ZU MEHR ZWEISAMKEIT MIT GENUSSPOTENZIAL:

WAS WAR UNSER LETZTES DATE, DAS UNS BESONDERS IN ERINNERUNG GEBLIEBEN IST? UND WAS HAT DAZU BEIGETRAGEN, DASS ES SO BESONDERS FÜR UNS WAR?

WELCHE ART VON GEMEINSAM VERBRACHTER ZEIT BRAUCHEN WIR, DAMIT SIE UNS GUTTUT UND NÄHER ZUEINANDER BRINGT?

WAS BRAUCHT JEDER EINZELNE VON UNS VOR UNSERER PAARZEIT, UM SIE GENIESSEN ZU KÖNNEN?

WANN WOLLEN WIR REGELMÄSSIGE DATES IN UNSEREN KALENDER EINPLANEN?

WAS MÖCHTEN WIR IN ZUKUNFT NEU AUSPROBIEREN, UM NEUE THEMEN UND ERFAHRUNGEN IN DIE BEZIEHUNG ZU BRINGEN?

WAS SIND UNSERE WÜNSCHE UND TRÄUME FÜR UNSERE QUALITY-TIME IN DER ZUKUNFT (Z.B. WENN DIE KINDER SELBSTSTÄNDIGER SIND)?

Urlaub:
ZWISCHEN ABENTEUER UND ERHOLUNG

7

In unserem Flur hing lange Zeit eine große Weltkarte, auf der wir die von uns bereisten Länder bunt gekennzeichnet hatten. Die Karte war ein super Aufhänger für den ersten Smalltalk mit Gästen: Was habt ihr denn in Kirgistan gemacht? Würdet ihr eher Kuala Lumpur oder Bangkok empfehlen? Darf man in Dänemark wild campen? Auch auf unserer Toilette wurde es einem geographisch gesehen nicht langweilig. Dafür sorgte eine Deutschlandkarte, die gegenüber vom Örtlichen hing und auf der die von uns besuchten Städte angekreuzt waren. Beide Karten dienten mir früher bei der Urlaubsplanung als Orientierung: Länder und Städte, die ich bis dato noch nicht markiert hatte, wurden zum Anhaltspunkt für die nächste Reise.

Mittlerweile haben sich meine Prioritäten etwas verschoben. Ich suche nicht mehr nur nach Reisezielen, die neu für uns sind. Sondern vor allem nach solchen, die uns als Familie guttun.

Warum mir der Haken auf der Bucket-List nicht mehr so wichtig ist, erzähle ich auf den nächsten Seiten und nehme dich dafür mit auf einen Roadtrip durch Griechenland, Albanien und Kroatien. In diesem Kapitel erwarten dich außerdem Anregungen, um eine für dich passende Urlaubsform zu finden: Eine Urlaubsform, die nicht von der Angst bestimmt ist, etwas nicht gesehen zu haben. Eine Urlaubsform, die ein größeres Ziel hat, als die nächste Markierung auf der Weltkarte.

DAS GEPLATZTE ALBANIEN-ABENTEUER

Ich werde verfolgt. Von Kühen. Und anstatt wegzurennen, stehe ich wie versteinert da. Mitten in ihrer Lauflinie. Deutsche Frau mit Baby im Kinderwagen steht griechischen Kühen im Weg – so könnte die passende Schlagzeile dazu heißen. „Come here" höre ich auf einmal und sehe, wie jemand seinen Kopf aus einem Zelt streckt. Das Zelt steht ein ganzes Stück weit entfernt von mir, sodass ich nicht erkennen kann, wer mich ruft. Das könnte jemand Nettes sein. Oder jemand Seltsames. I mean: Wer schlägt mitten im griechischen Nirgendwo sein Zelt auf?! Es ist ja nicht mal besonders schön hier. Naja, schlimmer als die wild gewordene Kuhherde kann es nicht werden, denke ich und schiebe den Kinderwagen auf das Zelt zu. Gerade noch rechtzeitig, denn kurz darauf rasen die Kühe in einem Affentempo an mir vorbei. Staub wirbelt auf, ähnlich wie wenn Cowboys auf ihre Pferde steigen und losgaloppieren. Zumindest stell ich mir das so vor. Am Zelt angekommen, atme ich erst mal tief durch. Uff. Was ist nur los mit den griechischen Kühen? Zu viel Ouzo getrunken oder was?

Wie sich herausstellt, gehört der Kopf, der aus dem Zelt ragt, zu einem jungen Mann. Hinter ihm erscheint eine Frau, beide etwa in meinem Alter. Meine Stimme zittert noch etwas, als ich ein Gespräch mit ihnen beginne. Vor den Kühen müsse ich keine Angst haben, einfach aus dem Weg gehen, meinen die beiden. Ich nicke, denke mir aber, dass ich alles dafür tun werde, nie wieder griechischen Kühen außerhalb ihres Geheges zu begegnen. Ich frage die beiden, warum sie hier zelten. Sie seien mit dem Fahrrad von Paris nach Istanbul unterwegs. Okay, das ist spannend! In diesem Moment krabbelt ein dritter Reiselustiger verschlafen aus dem Zelt. Er fragt, ob die Fremde (damit meint er mich) Frühstück mitgebracht hat, wenn sie ihn schon so früh weckt. Ich lächle unschuldig und kann nicht einschätzen, ob das ein Witz war oder ob Ernst in der Aussage liegt. Wohin ich unterwegs sei, fragen die Europa-Radler. Jetzt gerade? Nur eine Runde mit dem Kind spazieren. Generell? Mit dem Van von Griechenland nach Deutschland. Dann hast du Albanien ja noch vor dir, meint die Frau begeistert. Das war bisher unser absolutes Reisehighlight, erzählt sie weiter und kommt aus dem Schwärmen nicht mehr raus.

Mich überrascht ihre Euphorie nicht. Ich hatte schon viel über Albanien gelesen: Das Land soll ein absoluter Traum für Wildcamper sein, die Crème de la Crème in Europa. Atemberaubende und unberührte Natur, einsame Stellplätze, unglaublich nette Menschen, endlose Freiheiten und kaum Touristen … Genau darauf freue ich mich schon seit Wochen. Ich lasse mir noch die besten Tipps geben und setze voller Vorfreude auf dieses spannende Land meine Morgenrunde mit dem Kinderwagen fort. Dabei habe ich ständig die Stimme der Frau im Kopf: Albanien, dann habt ihr das Beste jetzt noch vor euch. Griechenland ist bis dahin auch schon herrlich gewesen: lange Sandstrände, türkisfarbenes Karibikwasser, wunderschöne Bergdörfer, tolle Bauernmärkte, Oliven und Feta ohne Limit, viele Möglichkeiten, um den Frischwassertank vom Van mit klarem Brunnenwasser aufzufüllen – eigentlich ein Land, in dem ich noch wochenlang das Leben genießen könnte. Aber seit dem Gespräch mit meinen Kuh-Rettern bin ich heiß auf Albanien, auf eine neue Kultur und auf neue Eindrücke. Schließlich beende ich meinen Morgenspaziergang und überrede meinen Mann, noch am selben Tag über die Grenze nach Albanien zu fahren. Warum noch länger warten? Auf nach Albanien!

FÜNF LÄNDER IN FÜNF WOCHEN? SCHNAPSIDEE!

Zu diesem Zeitpunkt hätte ich niemals gedacht, dass ich den Roadtrip durch Albanien, durch das Land, in das ich unbedingt reisen wollte, nach nur drei Tagen abbrechen würde.

Ich erinnere mich noch genau, wie mich in der zweiten Nacht in Albanien laute Balkanmusik von der Strandbar, vor deren Tür wir im Knut übernachteten, wach hielt. Unruhig warf ich mich auf der Matratze hin und her. Mein Bauch war mit Cevapcici und mein Kopf mit neuen Eindrücken gefüllt. Ich blickte genervt auf einen Tag zurück, an dem wir stundenlang damit beschäftigt gewesen waren, einen Bankautomaten zu finden und uns dabei immer wieder auf Straßen wiederfanden, die einfach irgendwo endeten. Und gleichzeitig fragte ich mich, warum ich so genervt davon war. Ich wollte doch neue Eindrücke und das Abenteuer. Jetzt hatte ich es.

Doch wie ich es auch drehte und wendete, ich musste mir eingestehen, dass das, was ich wollte, nicht das war, was ich in dem Moment brauchte. Mein Herz sehnte sich nach weniger Kulturschock, weniger Schlaglöchern in den Straßen, mehr Gewohntem und vor allem nach weniger Balkan-Bass in der Nacht. Ich wollte Durchatmen können und eigentlich hatte ich keinen Platz – weder im Kopf noch im Bauch – für neue Erfahrungen. Wenn ich ehrlich bin, wusste ich auch, warum das so war. Und dass ich das alles auch hätte früher wissen können. Denn bereits vor diesem Trip hatte sich einiges in meinem Leben und meiner Umgebung verändert: Wir waren in ein anderes Bundesland gezogen. Von der Großstadt aufs Dorf. Wir hatten den ersten Geburtstag von Klein P gefeiert und von der Schwangerschaft mit Mini O erfahren. Mein erstes Schwangerschaftstrimester war eine üble Nummer und mein Müdigkeitslevel hatte einen neuen Höhepunkt erreicht.

Vor diesem Hintergrund stellte sich das Vorhaben, fünf Länder in fünf Wochen zu bereisen und dafür über 2.000 Kilometer one way zu fahren, als eine echte Schnapsidee heraus. Und in dieser Nacht spürte ich meinen Widerstand für diese Idee in jeder einzelnen Körperzelle: Diese Reise fühlte sich nach Kampf und nicht nach Genuss an. Ein Kampf gegen die eigenen Bedürfnisse. Und das war scheiß anstrengend.

> **DIESE REISE FÜHLTE SICH NACH KAMPF UND NICHT NACH GENUSS AN. EIN KAMPF GEGEN DIE EIGENEN BEDÜRFNISSE. UND DAS WAR SCHEISS ANSTRENGEND.**

Als ich am nächsten Morgen die Gedanken der Nacht analysierte und sortierte, führte das dazu, dass wir die Art unserer Reise änderten: Wir tauschten nach einigem Hin und Her die Wildnis in Albanien gegen einen stinknormalen Campingplatz an der kroatischen Adria ein. Stärker hätte der Kontrast nicht sein können! Der Schritt erforderte Mut. Mut, etwas Normales zu tun, etwas Unaufgeregtes und so ganz anderes, als das, was ich eigentlich von mir selbst gewohnt war. Mut, etwas abzublasen und dadurch das Risiko einzugehen, etwas zu verpassen. Den Mut, meine neuen Kraftkapazitäten als Schwangere mit Kleinkind anzuerkennen und nicht länger dagegen anzukämpfen. Mut, wahrzunehmen, dass eine Reise mit zwei Kindern ein anderes Tempo erfordert.

Dass es sich gelohnt hat, diesen Schritt zu gehen, nahm ich bereits nach einem Tag Campingplatzleben in Kopf und Bauch wahr. Ich feierte es, meine Babybauchkugel in die Sonne zu halten und Klein P im eingezäunten Spielplatz zu beobachten statt zwischen den Müllbergen am Straßenrand. Ich kam dazu, durchzuatmen und die vielen Veränderungen der vergangenen Monate zu verarbeiten. Und genau das hatte ich zu dem Zeitpunkt gebraucht.

AUTHENTIZITÄT VOR ÄSTHETIK

So eine Campingplatzparzelle ist im Gegensatz zum albanischen Hinterland nicht wirklich ästhetisch. Entsprechend unspektakulär sind die Fotos von unserer letzten Station auf unserem Roadtrip durch Südosteuropa. Ich habe sie trotzdem ausgedruckt. Denn ich möchte nicht Fotoalben voller Bilder mit besonderen Motiven, die für andere schön anzuschauen sind, aber bei mir nur schlechte Erinnerungen hervorrufen. Ich möchte Fotos, bei deren Anblick mich eine Familie mit authentischem Lächeln anstrahlt. Auch, wenn der Rest auf dem Bild eher nicht Instagram-tauglich ist.

Der Roadtrip von Griechenland nach Kroatien hat mir mehr als deutlich gezeigt, wie wichtig es ist, das zu priorisieren, was mir und uns als Familie guttut. Mich ernsthaft zu fragen, was ich jetzt brauche, um den Urlaub genießen zu können, war der Schlüssel für meine Campingplatz-Glückseligkeit. Diese Tage auf dem Campingplatz in Kroatien sind der Beweis für mich, dass das Leben verdammt leicht sein kann, wenn ich nicht gegen Veränderungen ankämpfe oder aus der Angst heraus handele, etwas nicht gesehen zu haben.

> DIESE TAGE AUF DEM CAMPINGPLATZ IN KROATIEN SIND DER BEWEIS FÜR MICH, DASS DAS LEBEN VERDAMMT LEICHT SEIN KANN, WENN ICH NICHT GEGEN VERÄNDERUNGEN ANKÄMPFE ODER AUS DER ANGST HERAUS HANDELE, ETWAS NICHT GESEHEN ZU HABEN.

Und Albanien? Albanien rennt mir zum Glück nicht weg. Das Land wird auch noch in ein paar Jahren zwischen Montenegro und Griechenland aufzufinden sein. Und ich werde wiederkommen! Nicht weil ich die Markierung auf der Weltkarte brauche. Sondern weil ich unbedingt beim nächsten Mal die Vantür aufschieben und das Tanzbein zur Balkanmusik mitschwingen möchte. Was für ein herrliches Kopfkino!

ZUM BEISPIEL:

Die besten Momente im Leben kosten etwas

WIE FERNREISEN MIT KINDERN GELINGEN KÖNNEN

Seitdem ich Kinder habe, nehme ich bei unseren Van-Reisen gern auch mal Tempo raus und genieße entschleunigte Tage auf dem Campingplatz. Timo Scheven hingegen bleibt auch mit zwei Kids seiner Vorliebe für Fernreisen treu. Gerade kommt er von einem zwei Monate langen Backpacking-Trip durch Thailand zurück und teilt hier seine Erfahrungen über diese Art von Familienurlaub.

TIMO SCHEVEN

ist Fotograf, Pastor und
zweifacher Vater

www.whatayoufulpicture.de
🄾 timoscheven

„Ich arbeite mit meiner Frau Gella unter anderem als selbstständiger Fotograf. Da wir im Sommer auf vielen Hochzeiten arbeiten, nehmen wir uns vor allem im Winter Zeit für Urlaub. Und das am liebsten dort, wo dann Sommer ist. Das hat sich auch nicht geändert, seitdem ich Papa bin. Mir fiel damals die Umstellung von keinem auf ein Kind nicht wirklich schwer. Das änderte sich jedoch, als wir das erste Mal in den Urlaub geflogen sind. Ich war schockiert darüber, wie viel sich ändert! Das fing bereits im Flugzeug an. Früher bin ich in den Flieger gestiegen, habe mir die Kopfhörer aufgesetzt und einen Film angeschaut oder die Augen zugemacht. Auf einmal sitzt man da mit einem Kind und ist die gesamte Flugdauer damit beschäftigt, es bei Laune zu halten. Gella und ich machen gern das, was wir wollen. Wir mussten in diesem ersten Urlaub als Familie feststellen: Wir können jetzt nicht mehr einfach machen, was wir wollen. Das war ein Fakt. Das konnte ich nicht schönreden, sondern musste es akzeptieren. Die Frage war also: Wie gehen wir mit dieser Veränderung um? Für uns war schnell klar, dass wir nicht nur Urlaub für die Kinder machen wollen, sondern auch für uns. Wir möchten nach wie vor Dinge erleben, auf die wir ‚Bock‘ haben. Wir sind zum Beispiel keine Typen, die abends im Hotelzimmer sitzen. Deshalb nehmen wir immer einen Doppelkinderwagen mit in den Urlaub, in dem die Kids abends schlafen können, während wir essen gehen oder, wie jetzt zuletzt in Thailand, über Märkte schlendern. Klar wacht dabei irgendwann ein Kind auf. Dann gibt es eben noch ein Eis, sodass das Kind auch Spaß daran hat, lange wach zu sein. Es ist ja nicht so, dass wir im Urlaub Termine haben und am nächsten Morgen funktionieren müssen. Mit der Entscheidung, dem Kind spät am Abend ein Eis zu gönnen, nehmen wir uns selbst den Stress raus. Ich glaube, man muss Routinen, auf die man sonst im Alltag Wert legt, im Urlaub ignorieren können. Sonst lässt sich so ein Backpacking-Trip nicht genießen.

Wir haben in Thailand häufig die Unterkunft gewechselt. Bei der Auswahl achten wir mittlerweile darauf, dass die Umgebung dazu einlädt, dass die Kinder sich allein beschäftigen können und Spaß haben. Genauso wichtig ist es uns im Urlaub, dass wir uns gegenseitig in der Partnerschaft Zeiten allein zum Auftanken gönnen. Dafür musste ich mich von dem Ideal verabschieden, immer alles zusammen zu erleben.

Wir lieben diese Art von Reisen, auch wenn das bedeutet, dass wir lange im Flugzeug sitzen und das häufig sehr anstrengend ist. Das ist der Preis, den wir dafür bezahlen. Generell darf man nicht vergessen, dass nicht alles so easy ist, wie es auf Bildern aussieht. Auf Fotos sieht man zum Beispiel nur, wie mein Sohn süße Affen füttert. Aber niemand sieht die Anstrengung, die es gebraucht hat, um mit zwei quengelnden Kindern auf den Berg zu diesen Affen zu wandern. So ist es doch immer: Die besten Momente im Leben kosten einen Preis. Und in den meisten Fällen sieht man das nicht von außen.

Früher haben wir Urlaub gemacht, um uns zu erholen. Wir haben viel gearbeitet und brauchten den Urlaub, um zu entspannen. Heute funktioniert das so nicht mehr. Ich sage immer: Wir machen keinen Erholungsurlaub, sondern Urlaub, um Zeit gemeinsam als Familie zu verbringen. Das heißt im Umkehrschluss aber eben auch, dass wir Entspannung im Alltag erleben müssen. Dadurch wird die Zeit zwischen den Urlauben automatisch auch viel schöner – ein super Nebeneffekt."

ZUM WEITERDENKEN:

Ein Alltag so schön, dass du keinen Urlaub davon brauchst

ALLTÄGLICHE URLAUBSMOMENTE SAMMELN

Ich liebe es, im Urlaub das Gewohnte und Alltägliche zu verlassen, Neues zu sehen und mich von Menschen sowie Kulturen inspirieren zu lassen. Das hält mich lebendig. Doch die Erfahrung sagt: Wenn ich gestresst in den Van steige, kann ich nichts von all dem genießen. Ich glaube genau wie Timo Scheven, dass ich Erholung nicht nur von den wenigen Reisewochen im Jahr erwarten sollte, sondern auch in den Alltag integrieren muss. Und ich wünsche mir einen Alltag, der so schön gestaltet ist, dass ich keinen Urlaub davon brauche. Das gelingt mal mehr, mal weniger. Was mir immer hilft, sind kleine Urlaubsmomente, die ich regelmäßig in meine Tage einplane. Dazu gehört zum Beispiel, mir eine Massage zu gönnen, in der Therme im Winter im Außenbecken zu schwimmen, ein neues Café auszuprobieren oder Stockbrot am Lagerfeuer im Garten zu machen.

Was sind Urlaubsmomente für dich? Die folgenden Fragen helfen dir dabei, es herauszufinden.

WELCHE ELEMENTE GEHÖREN FÜR MICH ZU EINEM PERFEKTEN TAG?

→ _____

→ _____

→ _____

→ _____

→ _____

WANN UND BEI WAS WAR ICH ZULETZT SO RICHTIG ZUFRIEDEN

IN WELCHER UMGEBUNG FÜHLE ICH MICH WOHL? (KREUZE AN)

- in der Natur
- in der Stadt
- allein
- in Gemeinschaft
- Zu Hause
- in fremden Ecken
- in gewohnter Umgebung
- _____

WELCHE MENSCHEN TUN MIR GUT?

→ _____

→ _____

→ _____

WOBEI KANN ICH AUFTANKEN, GENIESSEN UND MICH ENTSPANNEN? (KREUZE AN)

WENN ICH ...

- Sport mache
- Gemeinschaft mit Freunden und Familie erlebe
- gutes Essen oder ein gutes Getränk genieße
- ein Buch lese oder ein Podcast höre
- neue Impulse bekomme
- die Zeit bei kreativen Projekten vergesse
- neue Orte oder Kulturen entdecke
- bete oder meditiere
- Tagebuch schreibe
- etwas Neues ausprobiere oder lerne
- Musik mache
- etwas für meinen Körper tue (wie zum Beispiel Massage, Wellness, Sauna, Yoga)
- _____

DIESEN URLAUBSMOMENT WERDE ICH IN DER KOMMENDEN WOCHE KONKRET IN MEINEN ALLTAG EINPLANEN:

DAS BRAUCHE ICH ZUR UMSETZUNG:

- einen Babysitter
- ein gut gelauntes oder schlafendes Kind
- jemand, der mir den Rücken freihält
- jemand, der mich erinnert und motiviert
- Geld, das ich dafür zurücklege
- eine Begleitung
- einen festen Termin:
- _____

ZUM WEITERDENKEN ALS PAAR:

Welchen Urlaub haben wir bisher am schönsten in Erinnerung? Warum?

Inwiefern beeinflusst uns der Wunsch nach Instagram-reifen Urlaubsfotos und die Bewunderung anderer bei unserer Reiseplanung?

Welche Faktoren wollen wir bei der nächsten Auszeit berücksichtigen, um Entspannung und Genuss erleben zu können?

Wie können wir uns gegenseitig den Rücken für Urlaubsmomente im Alltag freihalten?

8

Krisen:
IRGENDWO ZWISCHEN LEBEN UND ÜBERLEBEN

Ich bin gerade mit Bernie, unserem roten VW-Bus, dem Vorgänger von Knut, auf der Autobahn unterwegs, als ich das Geräusch das erste Mal höre. Ein Rattern. Ein seltsames Rattern. Irgendwo vorne links. Laut genug, dass ich mir Sorgen um das Auto und um meine eigene Sicherheit mache. Aber nicht so laut, dass ich direkt rechts auf den Standstreifen fahren muss. Einen SOS-Call mit dem Schwiegervater später weiß ich: Das könnten die Radmuttern sein. Als ich aussteige und einmal ums Auto laufe, stelle ich erleichtert fest, dass Bernie noch vollständig aussieht. Zumindest, soweit ich das beurteilen kann. Unter dem Beifahrersitz hatte mein Mann in weiser Voraussicht einen Drehmomentschlüssel verstaut. Aber uff, wie ging das nochmal? Draufsetzen und fest nach unten drücken, oder? Es tut sich nichts. Mach ich irgendetwas falsch? Während ich unbeholfen an dem Rad hantiere, tritt ein Mann neben mich. „Kann ich Ihnen helfen?", fragt er freundlich. „Danke, das ist nett. Aber ich schaff das schon." Meine Antwort kommt schnell. Mein Gegenüber schaut mich lange prüfend an. Ich fühle mich unwohl, weil er meine Hilflosigkeit zu erkennen scheint. Dann höre ich ein „Geben Sie her" und schon greift er nach meinem Werkzeug und beginnt, die Radmuttern anzuziehen. Kurz darauf setze ich erleichtert meine Fahrt fort – ohne Geräusch von vorne links und mit einem breiten Grinsen auf dem Gesicht.

Hilfe annehmen lohnt sich eigentlich immer. Trotzdem fällt es mir jedes Mal sehr schwer. Weil ich es allein schaffen will. Weil ich niemandem zur Last fallen möchte. Und weil ich gern stark bin. Diese Einstellung kam ordentlich ins Wanken, als ich mit Mini O im Krankenhaus war und mir meine eigene Begrenztheit eingestehen musste. Auf den nächsten Seiten erfährst du, was dort passiert ist.

Du wünschst dir Ermutigung und Überlebensstrategien für die kleinen und großen Alltagskrisen? Dann gönn dir dieses Kapitel!

ADVENT, ADVENT, DAS GRELLE KRANKENHAUSLICHT BRENNT

Es war mitten im Advent, als ich acht Tage mit Mini O in der Kinderklinik in einem Isolationszimmer gemeinsam mit einer anderen Mutter und ihrem Baby verbrachte. Mini O war damals sechs Wochen alt, also quasi gerade erst geschlüpft, als er an einem fiesen Virus erkrankte. An und aus seiner Nase verliefen Schläuche, um ihn mit Nahrung und Sauerstoff zu versorgen. Während Mini O überwiegend die Augen geschlossen hatte, war ich damit beschäftigt, das System am Laufen zu halten: Milch abpumpen, Kind wiegen, Milch über die Sonde dem Baby geben, wieder wiegen, Gewicht dokumentieren, Stuhlgang überprüfen, Fieber messen, Inhaliergerät bedienen, Schmerzmittel geben, wickeln, vollgespuckte Kleidung wechseln, vollgespuckte Bettwäsche abziehen, klingeln, weil ich frische Bettwäsche brauche, nochmal klingeln, weil ich Wasser brauche, kurz auf Toilette gehen, Hände waschen, Baby auf den Arm nehmen und dann alles wieder von vorne.

Ich war so beschäftigt mit diesem Ablauf, dass ich erst am dritten Tag unter der Dusche meine Erschöpfung wahrnahm. Ich war total übermüdet. Ich hatte in den letzten Tagen kaum geschlafen. Die Wassertropfen, die aus dem Duschkopf kamen, mischten sich mit Tränen. Ich kann nicht mehr. Ich will nicht mehr! Jede Faser meines Körpers sehnte sich nach Normalität: Nach einem Kind ohne Schläuche, meinem eigenen Bett, frischer Luft, einem Spaziergang, dem Adventskranz auf unserem Esstisch und Lichterketten. Ich sehnte mich nach einem ganz normalen Alltag, bei dem mein größtes Problem war, dass ich das Mehl beim Einkauf vergessen hatte. Und ich musste feststellen, dass sich diese Sehnsucht nach Normalität im letzten

Jahr wie eine Art Dauerrausch in mein Leben geschlichen hatte.

Mein Alltag war in den vergangenen Monaten selten einfach nur normal gewesen. Irgendwie war ich ständig damit beschäftigt, Ausnahmezustände zu koordinieren – meistens ausgelöst durch Kita-Viren, die ungefragt in unser Haus geflattert waren. Diese Biester waren nicht alle so schlimm, dass wir ärztliche Hilfe gebraucht hatten, aber so schlimm, dass sie alles durcheinanderbrachten und meine Kraftreserven bis ans Limit aufbrauchten. Über Wochen hinweg fühlte sich immer mindestens eine Person in unserer Familie nicht fit, sodass bei jedem noch so kleinen Husten aus dem Kinderzimmer die Panik in mir aufstieg, es würde die nächste Krankheitswelle auf uns zukommen. Das war echt eine Scheiß-Zeit! Hoffentlich ist dieser Aufenthalt in der Kinderklinik nun endlich das Ende des Viren-Dramas, dachte ich und ließ die schweren Erinnerungen des letzten Jahres gedanklich an mir vorbeiziehen. Selbst in unseren Urlauben hatten uns die Viren nicht verschont – und das war besonders schmerzhaft für mich.

VIRALE VANLIFE-KATASTROPHE

Da waren zum Beispiel die Noroviren im Frühjahr. So viel Flüssigkeit, die ungebremst oben und unten rauskam, habe ich noch nie erlebt. Einfach nur eklig! Dummerweise hatten wir genau dieses „Flüssigkeit-kommt-überall-raus-Problem", als wir mit Knut irgendwo im Nirgendwo in Griechenland unterwegs waren. Es gibt nichts Unhygienischeres als drei sich übergebende Menschen, die in einem Kastenwagen auf wenigen Quadratmetern wohnen – ohne Waschmaschine und Badezimmer. Fast noch unhygienischer waren jedoch die Zustände in der Notaufnahme des griechischen Krankenhauses, das wir aufsuchen mussten, weil Klein P nicht mehr allein auf die Beine beziehungsweise in den Vierfüßlerstand kam. Unsere Rettung damals? Die Ferienwohnung, die wir gezwungenermaßen beziehen mussten. Dank Waschmaschine und Dusche bekamen wir nach und nach das Gefühl für Leben wieder zurück. Die Trauer über die lange Unterbrechung unserer Roadtrip-Route jedoch blieb.

Wenige Monate später im Sommer ging es wieder mit dem Van los. Diesmal hatte ich am Inhalt unserer Reiseapotheke wirklich nicht gespart. Und trotzdem kam das Déjà-vu schnell: Ehe wir unsere Reiseroute so richtig starten konnten, landete Klein P mit 40 Grad Fieber erneut in der Notaufnahme. Auch hier mussten wir unseren Knut-Trip unterbrechen und zwecks Genesung in ein Ferienhaus ziehen. Auch hier verlief die Reise anders, als ich es erhofft und mir vorgestellt hatte.

Ich spürte die Enttäuschung über die geplatzten Reisen auch jetzt noch, Monate später, als ich unter der Dusche in der Kinderklinik stand. Ich schob die Erinnerung schnell beiseite, stellte das Wasser ab und begann meine Haare zu trocknen. Hauptsache, wir sind beim nächsten Urlaub gesund. Hauptsache, ich kann in zwei Tagen wieder daheim duschen, dachte ich. Hauptsache, wir sind bald wieder zu Hause. Hauptsache, ich bekomm die Tage hier irgendwie rum.

VERRÜCKTE ZEITEN ERFORDERN VERRÜCKTE IDEEN

Doch dann kam mir auf einmal ein Gedanke, den ich nicht so einfach beiseiteschieben konnte: Was ist, wenn wir an Weihnachten noch immer im Krankenhaus sind? Was, wenn es Mini O nicht bald besser geht? Wenn das kein kurzer Ausnahmezustand ist, sondern etwas Längeres? Und ich bemerkte, dass ich mit meiner Strategie „Hauptsache Durchkommen" an meine Grenzen kam. Ich brauchte eine Hoffnung, die über das „durchkommen und rauskommen" hinausging. Eine, die mich durchtragen würde, auch wenn wir bleiben müssten. Ich konnte nicht bloß auf eine bessere Zukunft hoffen. Ich musste es irgendwie schaffen, das Hier und Jetzt zu etwas Gutem zu machen – sonst würde ich das nicht durchhalten.

Doch als ich vom Badezimmer wieder in das Zimmer trat, mir direkt das Schnarchen meiner Zimmergenossin und ihres Babys entgegenkam, merkte ich, wie sehr meine Möglichkeiten, die Zeit hier zu etwas Gutem zu machen, begrenzt waren. Wie sollte ich hier drin etwas Gutes finden, was mich aufmuntern und mir Hoffnung schenken könnte? Mein Blick blieb an den schrecklich gelben Vorhängen kleben und wanderte dann einmal durch das Zimmer, das ungemütlicher nicht hätte sein können. Es gab Schläuche, Medikamente, ein viel zu kleines Bett und das Husten der kranken Kinder. Nicht viel mehr. Und auch das Essen war keine besonders gelungene Abwechslung.

Ich musste zugeben, dass ich Hilfe brauchte. Hilfe, um eine andere Perspektive einzunehmen. Um mehr zu sehen als diesen Raum, in dem ich eingesperrt war. In diesem Moment erinnerte ich mich an vergangene Krisensituationen in meinem Leben und daran, dass ich damals häufig Trost und Weisheit in der Bibel gefunden hatte. Es war tatsächlich schon lange her, dass ich die Bibel aufgeschlagen hatte. In der letzten Zeit hatte ich keine Notwendigkeit dafür gesehen. Aber jetzt stand ich wie vor einer Wand. Oder anders gesagt: Ich war mit meinem Latein, das ich nie gelernt habe, am Ende. So kam es, dass ich mir noch am selben Abend eine Bibel in das Krankenhauszimmer bringen ließ.

Es stellte sich bald heraus, dass der Griff zur Bibel eine grandiose Idee gewesen war. Zwar schaffte ich es in der gesamten Krankenhauszeit nur eine einzige Seite zu lesen, aber dafür gab ich diesen wenigen Worten meine volle Aufmerksamkeit. Ich las Psalm 91. In dem Psalm steht, dass Gott ein Gott ist, dem ich vertrauen kann, bei dem ich Schutz, Frieden und Zuflucht finde. Ich las diese Sätze immer und immer wieder, weil ich diesen Zuspruch so schön und passend fand. Das wiederum hatte den positiven Nebeneffekt, dass ich – nachdem ich wochenlang nicht mehr mit Gott geredet hatte – einen entspannten Smalltalk mit ihm begann. Kein Grund zum Fremdschämen: Ich tat das leise. Die andere Frau in dem Krankenhauszimmer musterte mich ohnehin schon skeptisch genug, seitdem ich die Bibel neben meinem Bett liegen hatte. Die stillen Gebete taten mir richtig gut. So richtig! Es gab mir das Gefühl, nicht allein zu sein und mit jemandem sprechen zu können, der meine Situation kennt, bei dem ich mich nicht erklären muss. Und ich begriff immer mehr, dass ich das alles hier nicht allein schaffen muss – egal, wie lang diese Etappe in meinem Leben dauern würde. Dieser Gedanke war wie der perfekte Milchschaum auf dem Cappuccino: Ein Genuss. Es ist schwer zu erklären, aber ich habe durch das Bibellesen und die Zeit im Gebet einen Frieden im Herzen bekommen, obwohl ich völlig erschöpft war. Das ist auch der Grund, warum ich bis heute die Tage im Krankenhaus mit Mini O nicht negativ in Erinnerung habe, sondern eher als eine Zeit, die bis oben hin mit Frieden gefüllt war.

Als Mini O und ich schließlich pünktlich zum bevorstehenden Weihnachtsfest entlassen wurden, meinte eine Krankenschwester zu mir: „Ach, das war richtig angenehm mit Ihnen. Sie waren immer so entspannt." Über diese Aussage habe ich mich königlich gefreut. Denn die Schwester brachte auf den Punkt, wie ich mich zuletzt tatsächlich gefühlt hatte: Ich war gelassen darüber, dort im Krankenhaus zu sein. Weil ich meinen Frieden nicht in den äußeren Umständen, sondern in meinem Herzen gesucht hatte. Dort, wo Gott auf mich gewartet hatte.

> ICH WAR GELASSEN DARÜBER, DORT IM KRANKENHAUS ZU SEIN. WEIL ICH MEINEN FRIEDEN NICHT IN DEN ÄUSSEREN UMSTÄNDEN, SONDERN IN MEINEM HERZEN GESUCHT HATTE. DORT, WO GOTT AUF MICH GEWARTET HATTE.

Innerer Friede hin oder her: Zu Hause war es natürlich trotzdem schöner. Ich freute mich mehr denn je über unseren Adventskranz und die Lichterketten, eben alles, was mir das Gefühl von Normalität zurückgab. Wir feierten ein herrlich entspanntes Weihnachtsfest zu viert als Familie. Die Tage vergingen schnell und plötzlich war Silvester. Ein neues Jahr. Und nach wenigen Tagen stellte ich frustriert fest: Auch in diesem neuen Jahr gibt es Kita-Viren. Schnell war ich wieder im Überlebensmodus, um neben den kranken Kindern meine eigene Gesundheit und die beruflichen Aufgaben unter einen Hut zu bekommen. In den folgenden Monaten gab es viele weitere solcher Phasen. Und sie kommen nach wie vor immer wieder. Wie gut, dass ich nun eine Strategie kenne, um mit solchen ungeliebten Episoden umzugehen: Anstatt bloß auf bessere Zeiten zu hoffen, suche ich mir Hilfe. Eine Hilfe, die den Fokus weg von den äußeren Umständen lenkt. Eine Hilfe, die mir trotz turbulenter Zeiten Frieden schenken kann. Diese Hilfe habe ich bei Gott gefunden.

Seit dem Krankenhausaufenthalt mit Mini O versuche ich Gott mehr in meine kleinen und großen Alltagskrisen einzubeziehen. Klappt nicht immer. Aber ich bleibe dran. Denn immer dann, wenn ich mit ihm darüber rede und mich durch seine Zusagen in der Bibel ermutigen lasse, fühlt sich das Krankenlager im Hause Breitkreuz nicht mehr nur nach Überleben an, sondern immer auch noch ein Stück weit nach echtem Leben.

ZUM WEITERDENKEN:
Drei Tipps für den Umgang mit Krisen

In meinen wildesten Viren-Zeiten hatte ich ein paar AHA-Momente, die seitdem meinen Umgang mit schweren Phasen im Leben prägen. Diese drei Punkte helfen mir weiter, wenn ich im Chaos versinke oder eine Situation nicht bewältigt bekomme:

1. SCHWACHHEIT ZUGEBEN

Ich rede nicht gerne über schwierige Zeiten, solang ich noch drinstecke. Ich erzähle davon lieber im Nachhinein, aus der „Ich habe das geschafft"-Perspektive mit einem Happy End. Aber immer dann, wenn ich mir meine eigene Schwachheit frühzeitig eingestehe, erobere ich mir ein großes Stück Lebensqualität zurück. Denn dann erlebe ich Ermutigung, Mitgefühl, Zuspruch und das Gefühl, nicht allein zu sein – all das, was ich brauche, um gut durch Krisenzeiten hindurchzukommen.

2. HILFE ANNEHMEN

Es gibt ein Sprichwort, in dem heißt es, dass es ein ganzes Dorf braucht, um ein Kind zu erziehen. Ich erkenne sehr viel Wahrheit in diesem Spruch. Vor allem deshalb, weil es am Ende nicht nur darum geht, *ob* ich es alleine schaffe, sondern *wie* ich es schaffe.

Es hat diesen einen Krankenhausaufenthalt für mich gebraucht, um zu kapieren, wie wunderschön es ist, Hilfe in Anspruch zu nehmen. Auch dann, wenn ich noch nicht am Boden liege und völlig erschöpft oder ratlos bin. Auch dann, wenn ich es vielleicht sogar mit viel Mühe und Kraft selbst schaffen könnte. Das Leben fühlt sich, wenn ich Hilfe annehme, deutlich leichter und entspannter an.

3. PRAGMATISCH BLEIBEN

Pragmatismus ist ein wahrer Gamechanger für mich. Manchmal braucht es einfach nur ein gutes System, um in Ausnahmesituationen das Gefühl von Normalität wieder herzustellen. Ich habe zum Beispiel immer eine Fertigbackmischung für einen schnellen Kuchen in der Vorratskammer und Kekse in einem geheimen Versteck, das niemand außer mir in der Familie kennt: Beides ist superpraktisch, wenn man abends feststellt, dass der Kindergartenkuchenverkauf oder die Geburtstagsfeier schon am nächsten Tag sind. Oder man zu krank ist, um etwas zu backen, aber man trotzdem das Leben feiern möchte. Mir tut es gut, auf diese Weise auch in turbulenten Zeiten die Normalität ein Stück weit aufrechterhalten zu können.

WAS TUN,
WENN DIE HÜTTE BRENNT?
Zeit für dein eigenes Krisenmanagement

Krisenzeiten sind häufig nur halb so schwer, wenn die Tage davor nicht nur aus Stress, sondern aus Genuss und Erholung bestanden. Deshalb genieße ich seit Neustem die Unterstützung von Großeltern und Babysitter auch dann, wenn gerade alles ruhig und schön ist. Ich nutze außerdem die Normalität zwischen den Ausnahmezuständen dafür, um wieder neue Energie zu tanken.

Weißt du, was du brauchst, um für Krisenzeiten ausreichend Energie zu haben? Und weißt du auch, was dir momentan am meisten Energie raubt? Die folgenden Fragen helfen dir dabei, es herauszufinden.

IN DIESEN BEREICHEN MEINES ALLTAGS WÜNSCHE ICH MIR MOMENTAN ENTLASTUNG (KREUZE AN):

- Kinderbetreuung
- Haus/Garten/Haushalt
- Kochen
- Ehrenamt
- Finanzen/Verwaltung
- Weiterbildung
- Beruf
- Haustiere
- _____

BEI WEM ODER WAS KÖNNTE ICH HILFE FÜR DIESEN BEREICH FINDEN? WAS KANN ICH KONKRET DAFÜR TUN, UM ENTLASTUNG ZU FINDEN?

WAS BRAUCHE ICH ALS ENERGIEQUELLE IN KRISENZEITEN?

- Ermutigende Worte
- gutes Essen
- Gebet
- ein ehrliches Gespräch
- Rotwein
- Ablenkung
- Geschenke
- Humor
- Zeit zum Lesen oder Schreiben
- Ordnung im eigenen Zuhause
- frische Bettwäsche
- Blumen
- Bewegung
- einen guten Kaffee oder Tee
- Zeit im Fitnessstudio
- Sonne im Gesicht
- _____

DAS SIND MEINE IDEEN, WIE ICH MEINE ENERGIEQUELLEN REGELMÄSSIG IN MEINEN ALLTAG EINBAUEN KANN:

ZUM WEITERDENKEN ALS PAAR:

In welchen Bereichen eures Alltags braucht ihr momentan Unterstützung? Wo könnt ihr Hilfe finden?

Kennt ihr die Energiequellen des anderen? Wie könnt ihr euch gegenseitig dabei unterstützen, Zeit zum Auftanken zu nehmen?

Veränderung:
ZWISCHEN
DAMALS UND HEUTE

9

Ich stand in unserer WG-Küche, an der am selben Abend eine Party steigen würde. Meine Freundin war extra dafür aus dem benachbarten Bundesland ins Schwäbische angereist und ich schmiss zur Feier des Tages eine Portion Maultaschen in das kochende Wasser. „Ich kann mir vorstellen für immer so zu leben", meinte ich. „Wie, so?", fragte sie. „Na, so wie jetzt: WG-Leben, ungebunden, unabhängig, spontan und das alles. Ich mag es sehr, so wie es ist."

Ein Maultaschen-Moment aus meinem Studentenleben. Ich meinte den Satz damals tatsächlich ernst. Ich hätte die Zeit gern angehalten.

Im Rückblick bin ich super dankbar, dass ich keine Langzeitstudentin geblieben bin. Ja, rund um den Esstisch in dieser WG-Küche sind viele aufregende Dinge passiert. Diese Lebensphase gehört definitiv zu meinen „guten alten Zeiten", in die ich mich hin und wieder gern zurückbeamen würde. Doch nicht dort am Esstisch sitzen geblieben zu sein, sondern weiterzugehen – auch wenn das mehr Verantwortung und Verpflichtungen mit sich brachte – hat mir mehr Freiheit geschenkt, als ich es mir damals hätte vorstellen können. In diesem Kapitel erfährst du, von welcher Art von Freiheit hier die Rede ist. Die nächsten Seiten sind außerdem eine Einladung, nicht bei der Trauer über die guten, alten Zeiten stehen zu bleiben, sondern die Chancen und das Schöne im Neuen zu erkennen.

ZURÜCK IN DIE VERGANGENHEIT: MEIN 30. GEBURTSTAG ALLEIN AM STRAND

Unser erster Urlaub als Familie zu viert: Ich, Ehemann T, Klein P und Mini O. Mini O ist gerade einmal drei Monate alt, als wir wieder Hummeln im Hintern haben und unterwegs sein wollen. Es ist Februar und nasskalt in Deutschland. Mit Knut der Sonne hinterherzufahren ist leider keine Option, da er nur drei statt vier Sitzplätze hat. Wir beschließen also den ersten Trip nach drei Jahren Vanlife mal ganz anders zu gestalten und landen schließlich an einem Ort, den wir niemals mit dem Camper hätten erreichen können: Auf der autofreien Nordseeinsel Langeoog. Eine Insel mit stolzen 14 Kilometern Sandstrand. Genau dort, in dem feinen Sand am langen Strand von Langeoog, sitze ich eines Morgens allein mit meinem lachsfarbenen To-Go Becher, aus dem ich einen Kaffee trinke, den ich beim Frühstücksbuffet im Hotel habe mitgehen lassen. Der Himmel ist dunkelgrau und wolkenverhangen. Genauso, wie man sich das Wetter im Februar an der Nordsee vorstellt. Aber das stört mich nicht. Überhaupt nicht. Stattdessen beobachte ich die Möwen und genieße die Ruhe. Ich kenne keinen Ort auf dieser Welt, der mich so sehr entschleunigt wie diese Insel. Das liegt sicher daran, dass hier keine Autos fahren dürfen. Oder es hat mit den sympathischen Insulanern zu tun, die selten gehetzt wirken, wenn sie auf ihrem Fahrrad entspannt durch die Straßen fahren und sich gegenseitig ein „Moin" zurufen. Vielleicht liegt es auch daran, dass man hier – vor allem im Winter – nicht viel tun kann. Außer genießen. Und das tue ich an diesem Vormittag in vollen Zügen.

Es ist der Morgen meines 30. Geburtstags, den ich hier allein am menschenleeren Strand verbringe. Während ich meinen

Blick über das Meer schweifen lasse, schwelge ich in meinen Erinnerungen: Ich war sweete 16, als ich das erste Mal für eine längere Zeit hier war.

EINE RÜCKKEHR, DIE ZEIGT, WIE SEHR SICH MEIN LEBEN VERÄNDERT HAT

Damals verbrachte ich meine Sommerferien auf der Insel. Ich war keine Urlauberin, sondern kam, um zu arbeiten: Ich klopfte an Zimmertüren und rief: „Hallo, Zimmerservice hier, darf ich reinkommen?" Ich bezog Betten, putzte Toiletten und half beim Kartoffelschälen in der Restaurant-Küche. Es war mein erster Ferienjob. Mein allererster Job überhaupt. Und ich begriff schnell: Das Leben beginnt, wenn der Feierabend eingeläutet wird. Damals wohnte ich mit anderen Sommerpraktikanten und Zivildienstleistenden (die es damals noch gab) in einer Wohngemeinschaft. Wir hatten ein eigenes kleines Backsteinhäuschen und schliefen in Doppelzimmern. Wie aufregend! Nach der Arbeit zogen wir mit Gitarre und Volleyball in der Hand in Richtung Strand. Nachts kletterten wir auf Strandkörbe, erlaubten uns kleine Streiche im Hotel oder schmissen DVDs in den DVD-Player (auch den gab es damals noch). Ich liebte die Möglichkeit, 24/7 mit Gleichaltrigen zusammen zu sein und saugte die Freiheit, weit weg von zu Hause, richtig auf. Das war definitiv der Sommer meines Lebens. Zumindest der Sommer meines Teenager-Lebens. Und ich wurde Wiederholungstäter. Fünf Mal kam ich insgesamt wieder.

Dann begann meine Zeit an der Uni und ich war rund um die Uhr damit beschäftigt, meinen Kaffee-To-Go-Becher von Hörsaal zu Hörsaal zu tragen und dabei möglichst lässig auszusehen. Das war definitiv auch eine besondere Zeit. An die Insel dachte ich in dieser Lebensphase kaum. Stattdessen nahm mein Leben Fahrt auf: Auslandsaufenthalt, Ausbildung, Auslandsaufenthalt, Jobeinstieg, Auslandsaufenthalt, Hochzeit, Auslandsaufenthalt, Kinder, Umzüge – und auf einmal waren 10 Jahre rum.

Nach 10 Jahren wieder an den Ort der Jugend zurückzukehren, ist mutig. Ich war mir dessen bewusst, dass es auch nach hinten hätte losgehen können: Dass die Insel gar nicht so schön ist wie in meinen Erinnerungen oder dass mich die Erinnerung an damals runterziehen würde, weil sich seitdem so viel verändert hat. Auf der Insel. Aber eben auch bei mir. Und ich wusste, dass der Unterschied zwischen damals, mit dem „Quer durchs Land"-Zugticket in der Hand, und heute, mit ziemlich viel Verantwortung auf den Schultern sowie zwei Kindern auf dem Arm, enorm ist. Vor diesem Vergleich hatte ich Respekt. Ich wollte nicht spüren, dass ich älter geworden war und mein Leben nichts mehr mit der jugendlichen Unbeschwertheit von früher zu tun hat. Ich hatte Angst davor, dass ich mein altes Leben zu sehr vermissen würde.

Doch der Morgen meines 30. Geburtstags lehrte mich etwas anderes. Denn als ich da so am Strand saß, Wind, Wellen und den Möwen lauschte, begriff ich, dass ich bei Weitem nicht bei allen Veränderungen in meinem Leben Wehmut verspüre. Zumindest nicht, wenn ich genauer hinschaue. Viele Momentaufnahmen von damals wirken zwar auf den ersten Blick unbeschwerter und freier, glänzender und spannender. Aber hinter all dem Glitzern stand eine verunsicherte Annabel. Eine Annabel, die wenig Ahnung davon hatte, was sie kann und wer sie ist. Die überfordert war von den vielen Möglichkeiten in dieser Welt und Angst hatte, nicht das Richtige zu tun. Eine Annabel, die immer wieder auf Kriegsfuß mit sich selbst stand, sobald sie jemanden sah, der vermeintlich

HEUTE WEISS ICH, DASS WAHRE FREIHEIT NICHTS MIT EINEM ZUGTICKET ODER DER ENTFERNUNG VON ZUHAUSE ZU TUN HAT, SONDERN DAMIT, ICH SELBST SEIN ZU KÖNNEN UND FRIEDEN DAMIT ZU HABEN.

besser und besonderer war. Ich dachte damals als stolze Besitzerin des „Quer durchs Land"-Tickets und dem Backpacker auf dem Rücken, ich wäre der freiste Mensch auf dieser Welt. Heute weiß ich, dass wahre Freiheit nichts mit einem Zugticket oder der Entfernung von zu Hause zu tun hat, sondern damit, ich selbst sein zu können und Frieden damit zu haben – und für dieses Learning hat es die vergangenen Jahre Lebenserfahrung gebraucht.

ALLES IM LEBEN HAT SEINE ZEIT

Auch diese wunderschöne Erkenntnis im Kopf bewahrt mich nicht davor, die alten Zeiten manchmal einfach zu vermissen. So war es zum Beispiel, als ich gemeinsam mit Ehemann T in meine frühere Lieblings-Kneipe auf Langeoog gehen wollte und dann feststellen musste, dass es diese erstens nicht mehr gab und zweitens wir den Abend in Babyfon-Nähe verbringen mussten. Besonders Letzteres frustriert mich immer wieder. Auch wenn es Überwindung kostet: Ich versuche in solchen Situationen, nicht in der Trauer stecken zu bleiben, sondern einen neuen Weg zu suchen. Gelingt nicht immer. Aber an diesem Abend gelang es. So kam es, dass mein Mann und ich heimlich aus dem Hotelfenster kletterten, um uns auf den Dünen hinter dem Hotel unter einen herrlich klaren Sternenhimmel zu legen – in Babyfon-Nähe. Gigantisch schön. Definitiv ein Polaroid-Bild-Moment.

In der Bibel gibt es Verse, in denen es darum geht, dass alles, was in dieser Welt geschieht, seine von Gott bestimmte Zeit hat (nachzulesen in Prediger 3). Diese Verse gehören zu meinen absoluten Lieblingsstellen in der Bibel. Denn der Gedanke, dass auch in meinem Leben alles seine Zeit hat, beruhigt mich. Er ermutigt mich, wenn ich mich nach meinen guten alten Zeiten zurücksehne. Ich glaube, dass es eine Zeit gibt, in der ich in einer Kneipe die Nacht zum Tag mache. Und es gibt die Zeit, in der ich unter dem Sternenhimmel vor dem Hotelfenster liegen darf. Mit dem Zugticket einmal quer durch Deutschland fahren hat seine Zeit. Und bequem mit dem Auto anreisen hat seine Zeit. Hotelzimmer als Ferienjobber putzen, hat seine Zeit. Das geputzte Hotelzimmer als Urlauber genießen, hat seine Zeit. Es hat sich viel verändert. Aber das heißt nicht, dass es schlechter wurde. Definitiv nicht!

> DER GEDANKE, DASS AUCH IN MEINEM LEBEN ALLES SEINE ZEIT HAT, BERUHIGT MICH.

Langeoog ist der Ort, an den ich bewusst nach langer Zeit zurückgekehrt bin und mich dadurch damit konfrontiert habe, was sich alles verändert hat. Ich hatte Angst vor diesem Vergleich. Weil ich angenommen hatte, meine jetzige Lebenssituation würde dabei haushoch verlieren. Doch so war es nicht. Der Blick zurück tat überraschend gut. Ich war nicht wehmütig, ich war nicht enttäuscht, sondern ich war glücklich zu sehen, wie ich mich in den letzten Jahren immer mehr kennen- und lieben gelernt hatte.

Ich habe Blut geleckt: Ich will mir in der nächsten Zeit noch mehr solcher Blicke zurück zutrauen. Blicke, die mir unverblümt zeigen werden, wie sehr sich mein Leben verändert hat. Mir aber genau deshalb auch die Perspektive dafür eröffnen, in welcher Zeit ich mich gerade befinde und wofür gerade jetzt die beste Zeit ist. Mit anderen Worten: Der 30. Geburtstag ist definitiv ein Event, um stolz das Sektglas – oder in meinem Fall den Kaffeebecher in Richtung Möwen – zu erheben. Auf die wunderschönen, guten alten Zeiten. Und vor allem auf das heute. Alles im Leben hat seine Zeit. Das Hier und Jetzt zu feiern, sollte immer seine Zeit haben.

ZUM BEISPIEL:

Selbstfürsorge als Konstante

Wer früh Kinder bekommt, zieht meist erst mal den Kürzeren – nämlich dann, wenn alle anderen auf Partys unterwegs sind, während man selbst das Kind ins Bett bringt. Aber langfristig gesehen finde ich die Strategie, nicht zu lang mit den Kindern zu warten, eine klasse Sache: Denn wenn die Kinder dann irgendwann aus dem Gröbsten draußen sind, ist man selbst quasi auch noch in der Blüte seines Lebens. So zumindest meine Vorstellung. Und so war auch die Strategie von Jenni Terlitzki, als sie mit 19 Jahren das erste Mal Mama wird. Doch gerade als ihre Kinder langsam selbstständig werden, adoptiert sie gemeinsam mit ihrem Mann ein sechs Monate altes Baby.

Wie ist das, so früh in die Elternschaft einzusteigen und gleichzeitig so lange im Kleinkindalter-Business drin zu sein? Woher nimmt man dafür die Ausdauer und Kraft? Ein Gespräch darüber, wie sehr sich das Leben mit Kindern verändert. Und welche Konstanten es in den Änderungen braucht.

JENNI TERLITZKI

ist Dozentin, Musikerin und Mama von drei Kindern.

○ jenniterlitzki

Du hast mit 19 Jahren deine erste Tochter bekommen. Wie hat sich dein Leben damals verändert?

Ich wollte schon immer Mama sein und konnte gut damit umgehen, früh Verantwortung zu übernehmen. Ich glaube von außen sahen die Einschränkungen immer krasser aus, als sie für mich tatsächlich waren. Schwieriger finde ich es momentan, nach einer langen Pause wieder zurück in der Kleinkindphase zu sein. Der plötzliche Schlafmangel war schon echt eine Hausnummer. Wir haben „Miss Seestern" als Pflegekind aufgenommen. Das heißt, ich hatte nicht die neun Monate dauernde Schwangerschaft, um mich auf das Kind vorzubereiten. Das macht enorm viel aus! Ich weiß noch, dass ich und mein Mann Etienne in dieser Anfangszeit oft sowas wie „Wir sind eben keine 20 mehr" zueinander gesagt haben. Manches war wirklich schwerer als bei unseren beiden ersten Kindern.

Außerdem habe ich es in den letzten Jahren, bevor „Miss Seestern" zu uns kam, sehr genossen, dass meine Kinder selbstständig sind ... Ich war zum Beispiel viel als Musikerin mit meiner Band unterwegs und musste Termine, die damit zusammenhängen, kaum absprechen. Wenn ich heute mit der Band unterwegs sein möchte, hängt da ein langer Rattenschwanz an Planung dran. Unter anderem muss ich natürlich im Blick haben, wie Etienne arbeitet oder ob ich sonst eine Kinderbetreuung organisiert bekomme. Habe ich keinen Babysitter, muss ich einen Termin absagen. Das ist die harte Konsequenz der Entscheidung, die wir getroffen haben. Aber ich zweifle in keiner Sekunde daran, dass es richtig war, dass wir jetzt noch ein Kind in unsere Familie aufgenommen haben.

Wie kannst du dir da so sicher sein?

Ich kann das nur mit meinem christlichen Glauben erklären. Als wir damals das Thema Pflegeeltern auf dem Herzen hatten, haben wir Jesus von Anfang an mit einbezogen und haben geglaubt, dass er die Tür dafür zumachen würde, wenn er uns für zu alt oder unqualifiziert hält. Vielleicht klingt das naiv, aber wir haben nur offene Türen erlebt. Gleichzeitig erhielten wir viel Bestätigung aus unserem Umfeld. In der Erinnerungsbox von „Miss Seestern" liegt ein Zettel, auf dem habe ich all den Zuspruch aufgeschrieben. Deshalb weiß ich, dass es das Richtige war. Wenn ich daran zweifle, nehme ich mir die Krankenakte von „Miss Seestern" in die Hand und lese nach, wie sie sich weiterentwickelt hat, seitdem sie bei uns ist. Dann denke ich: Wie schlimm, was sie alles schon durchgemacht hat und wie schön, wo sie heute steht. Das erfüllt mich mit Dankbarkeit und hilft mir auch durch schwere Tage, die man eben in dieser Lebensphase so hat.

Es liegen nun erneut einige Jahre vor dir, in denen du durch eure Entscheidung für eine Adoption deutlich stärker gebunden bist und wieder mehr Verantwortung trägst. Wie geht es dir mit dieser Perspektive?

Ich glaube, dass Verantwortung für Kinder zu übernehmen nicht automatisch heißen muss, auf meine Freiheit zu verzichten. Ich soll als Mama ja nicht nur Verantwortung für das Leben meines Kindes, sondern auch für mein eigenes Leben übernehmen. Selbstfürsorge vor Fremdfürsorge ist für mich eine der wichtigsten Faustregeln für das Familienleben. Ohne Selbstfürsorge würde es nicht funktionieren!
Dazu gehört unter anderem auch, dass ich Hilfe annehme. Als es mir

zuletzt körperlich schlecht ging, habe ich „Miss Seestern" zum Beispiel zu einem früheren Zeitpunkt, als ich es eigentlich wollte, in den Kindergarten eingewöhnt. Früher habe ich geglaubt, dass man ein Kind mit einem Jahr noch nicht in Fremdbetreuung geben sollte. Aber ich als Mutter brauche jetzt Unterstützung, um selbst heilen und regenerieren zu können. Ansonsten kann ich mich nicht um die Kleine kümmern. Mir ist erst neulich aufgefallen, dass in der Kita-Gruppe von „Miss Seestern" auch ein sechs Monate altes Baby ist. Ich dachte erst: Das kann man doch nicht machen! Dann habe ich mich gebremst und gesagt: Jenni, du kennst die Situation der Mutter nicht, also urteile nicht.

Verantwortung für mich übernehmen, bedeutet für mich auch, Dinge, die mir wirklich wichtig sind, auch in dieser Lebensphase nicht komplett einzuschränken, sondern auszuprobieren, inwiefern es auch mit Kindern möglich ist.

Hast du dafür ein Beispiel?

Als Band arbeiten wir unter anderem auf Sommercamps für Jugendliche. Ich habe meine Kinder immer auf diese Freizeiten mitgenommen. Klar zehrt das manchmal an meinen Kräften, wenn ich zum Beispiel in der Pause schnell das Kind ins Bett bringen muss, bevor ich wieder auf der Bühne stehe. Das ist schon taff. Einmal haben wir nach einer Freizeit das Feedback bekommen, das so klang wie: „Hey Band, ihr wart voll cool. Aber die Situation mit dem Kind scheint anstrengend gewesen zu sein. Das müsste man vielleicht überdenken."

Oh wow, der Satz hätte mich mit voller Wucht getroffen.

Das war bei mir auch so. Diese Aussage hat an meiner Ehre gekratzt. Ich dachte eigentlich, dass ich die Kombination aus Mama- und Sängerin-sein gut hinbekommen habe. Wahrscheinlich war das gar nicht auf meine Leistung bezogen, aber so kam es bei mir an. Meine Band hingegen war entspannt damit. Natürlich ist es ein bisschen anders

als vorher. Aber es funktioniert. Und ich glaube, meine Kinder profi-
tieren auch davon, wenn ich sie auf diese Weise früh in Kontakt mit
anderen Menschen bringe. Ich wollte immer weltoffene Kinder. So
kann ich dazu beitragen.

Ich überlege mir auch immer, was das Schlimmste wäre, was pas-
sieren könnte, wenn ich so etwas ausprobiere. Meistens ist es nur das,
dass ich anstrengende Tage erlebe und es mir so viel Energie raubt,
dass ich danach eine Woche Wellness brauche. Dann würde ich es
beim nächsten Mal eben nicht mehr machen. Aber es könnte ja auch
funktionieren. Und dann mache ich es wieder.

Wenn du dich als Mama vor 19 Jahren bei deiner ersten Tochter und heute vergleichst: Welche Veränderungen nimmst du bei dir wahr?

Ich bin entspannter geworden. Heute Morgen zum Beispiel hatte
„Miss Seestern" einen Wutanfall. Wir waren unter Zeitdruck. Diese
Situation hätte mir früher Schweißattacken bereitet. Aber heute habe
ich mich einfach zu ihr auf den Boden gesetzt, sie gestreichelt und ge-
wartet, bis sie „besser" sagt. Wenn ich so eine Attacke gemeistert habe,
schau ich manchmal von außen auf mich und denke: Boah, ich bin so
viel geduldiger geworden.

Freundinnen meinten vor einiger Zeit außerdem zu mir, dass ich mo-
mentan viel mehr bei mir selbst bin. Das stimmt. Früher habe ich zu vie-
len Terminanfragen einfach Ja gesagt, ohne zu bedenken, dass ich nur
begrenzt Kraft habe. Dann war es häufig so, dass mein Tank leer war
und ich aber noch Strecke vor mir hatte. Doofes Gefühl. Seitdem „Miss
Seestern" mein Leben bereichert, sage ich öfters bei Anfragen: Hey, ich
denke darüber nach und melde mich dann. Und dann überlege ich in
Ruhe, ob es passt. So bewusst das Leben zu leben, fühlt sich echt gut an.

Was für ein schöner Blumenstrauß an positiven Veränderungen. Vielen Dank für diese Ermutigung, Jenni!

ZUM WEITERDENKEN:

Lass mal das Gute in den Veränderungen entdecken

ZEIT FÜR DEINE DANKBARKEITSLISTE

Keine Ahnung, ob es nur mir so geht: Aber ich habe das Gefühl, bei all den Veränderungen, die durch den Schritt in die Elternschaft oder andere Aspekte des Erwachsenwerdens passieren, fokussiere ich mich immer zuerst auf das Negative. Auf das, was weniger, leiser und langsamer als früher ist. Dabei gibt es auch schöne Veränderungen. Solche, die Feierpotenzial haben. Das sind bei mir häufig Kleinigkeiten im Alltag, die mich glücklich machen: Zum Beispiel, dass ich – seitdem ich Kinder habe – bei jedem Wetter raus an die frische Luft komme. Weil Kindern Regen eben nichts ausmacht. Das tut mir richtig gut! Oder dass ich, seitdem ich meinem Sohn Essen in den Kindergarten mitgeben muss, endlich jeden Tag ein warmes Mittagessen vorbereite. Auch das trägt enorm zu meinem Wohlbefinden bei.

Ich versuche mir solche positiven Nebeneffekte dieser Lebensetappe immer wieder in Form einer Dankbarkeitsliste bewusst zu machen. Besonders dann, wenn mir die vielen Umbrüche in meinem Leben auf den Magen schlagen. Das war zum Beispiel zuletzt im Wochenbett so, als mein Körper die wildeste Achterbahn an Veränderungen erlebte. In diesen Wochen habe ich mir jeden Morgen eine Sache in meine Liste auf dem Handy geschrieben, für die ich dankbar bin. Das hat meinen Gemütszustand echt verbessert.

Hier findest du eine Dankbarkeitsliste, die du ausfüllen kannst. Wann immer du es brauchst: Mach am besten ein regelmäßiges Ritual daraus. Das verändert nachhaltig deine Perspektive aufs Leben, promise!

ICH BIN DANKBAR FÜR:

→

→

→

→

→

→

→

Nachwort:

WEITER GEHT DIE WILDE FAHRT

Schweden war eigentlich nicht das Land, in das wir bei unserer ersten Elternzeitreise mit Knut reisen wollten. Doch es war das einzige Land, in das zu diesem Zeitpunkt der Corona-Pandemie eine Einreise als Tourist möglich war. Schweden war für uns nur Plan B. Und wurde zu einem großen A in meinem Leben – A wie: allererste Sahne. Schweden hat mich mit seiner Gastfreundschaft, Gelassenheit, mit seinen perfekten Kanelbullar (Zimtschnecken), der Second-Hand-Kultur sowie dem Sinn für Ästhetik und Naturbewusstsein voll in den Bann gezogen. Deshalb hat das Land seinen Platz auf meiner Löffelliste gefunden – auf der Liste, auf der all die Dinge stehen, die ich in meinem Leben erlebt oder getan haben möchte, bevor ich den Löffel abgebe. Dort steht jetzt: „Ein rotes Schwedenhaus am See kaufen".

Ich sehe mein Zukunfts-Ich in diesem Haus den Sommer verbringen. Vor der Haustür steht ein Campervan Marke Eigenbau. Ein ähnlicher Ausbau wie Knut. Ich glaube, er wird Benno heißen. Oder Kalle. Kalle wird nicht unser einziges Ausbauprojekt auf diesem Grundstück sein. Es wird auch eine gelb-weiß gestreifte Lotte geben. Die steht nämlich auch auf meiner Löffelliste. Lotte ist ein alter Trailer, den ich zu einer Ferienunterkunft für Gäste umgebaut haben werde. Darin können sich dann Urlauber einmieten. Allen vorneweg wird sie aber von meinen Kindern in Beschlag genommen. Denn die werden zur Schwedenhaus-Zeit bereits selbstständig im Leben unterwegs sein und wahrscheinlich nur hier und da mal in unserem Häuschen vorbeischauen.

Das Schwedenhaus soll dänische Fenster habe, solche mit vielen kleinen Quadraten. Die liebe ich sehr. Weißer Rahmen. Der Lack blättert bereits etwas ab. Aber das stört mich nicht. Vor einem dieser Fenster soll ein Tisch stehen. Dort werde ich sitzen, raus auf den See blicken und meinen Tee genießen. Ich werde angefangen haben, Tee zu lieben. Gezwungenermaßen. Weil meine Magenschleimhaut keine Kapazität mehr für Kaffee haben wird. Genau an diesem Platz am Fenster werde ich mir, wenn ich alt und weise bin, ganz viel Zeit zum Schreiben nehmen. Ich werde in die Tasten meines Laptops hauen und Tagebuchseiten vollkritzeln, so lange, bis die Hand weh tut. Denn auch das ist etwas, was ich mir in meinem Leben vorgenommen habe: Mir Zeit zu nehmen, um Erinnerungen und Erkenntnisse in Worten festzuhalten.

Ich werde also schreiben. Und ich werde das nicht tun, weil ich mir all die Jahre zuvor nie die Zeit dafür genommen habe. Sondern weil ich es schon immer so getan habe. Weil ich es schon immer wichtig fand, meiner Leidenschaft für das Schreiben Raum und Zeit zu geben. Auch wenn das bei Weitem nicht immer leicht war.

Und wahrscheinlich werde ich später bei genau dem Gedanken dieses Buch vor Augen haben. Ich werde mich daran erinnern, wie schwer mir die Schreibphase damals fiel. Daran, dass die Kombination aus der Geburt des zweiten Kindes und dem zeitgleichen Start des Schreibprozesses eine wilde Nummer war. Eine wirklich wilde Nummer. Ich werde mich bestimmt auch noch daran erinnern, wie viel Verzicht, Schlaf und Kompromisse mich das Schreiben in dieser Zeit gekostet hat. Und genau deshalb werde ich stolz sein. Verdammt stolz! Und zutiefst dankbar. Dankbar für diese besondere Erfahrung. Dankbar, so viel Unterstützung auf dem Weg erlebt zu haben. Dankbar, dass ich mich trotz aller Herausforderungen in diesem Lebensabschnitt als Mama von einem Baby und Kleinkind nicht selbst vergessen, sondern im Gegenteil noch besser kennengelernt habe. Dankbar, dass ich mir auch dann Zeit für meine Leidenschaft genommen haben, als es eigentlich gar keine Zeit gab. Dankbar, dieses Projekt nicht auf „Irgendwann später" geschoben zu haben.

ICH BIN DANKBAR, DASS ICH MICH TROTZ ALLER HERAUSFORDERUNGEN IN DIESEM LEBENSABSCHNITT ALS MAMA VON EINEM BABY UND KLEINKIND NICHT SELBST VERGESSEN, SONDERN IM GEGENTEIL NOCH BESSER KENNENGELERNT HABE.

Einmal traf ich auf einem unserer Roadtrips ein altes Ehepaar aus Deutschland, das mit seinem Wohnmobil unterwegs war. Sie waren sehr interessiert daran, wie wir unsere Elternzeit verbringen, und überrascht zu hören, welchen Stellenwert es für uns hatte, Zeit miteinander zu verbringen und gemeinsam Erlebnisse zu sammeln. Daraufhin meinten sie traurig: „Wir haben bis jetzt auf so eine große gemeinsame Reise gewartet. Bis zur Rente. Und jetzt bleibt uns nur noch so wenig Zeit."

Ich wünsche dir, dass du nicht „auf später" wartest und Dinge, die dir wichtig sind, auf die lange Bank schiebst. Ich wünsche dir, dass du das Hier und Jetzt mit all seinen wunderbaren Möglichkeiten auskostest. Und ich wünsche dir, dass du, auf welchem Weg du dich gerade auch immer befindest, deine Lebens-Etappe zu etwas Besonderem und Unvergesslichem machen kannst. Zu etwas, das zu dir passt und dein Herz später einmal – wenn du in deinem persönlichen Schwedenhaus sitzen und dich daran erinnern wirst – höherschlagen lässt.

Es war mir ein inneres Blumenpflücken, Teil deiner Reise gewesen zu sein. Vielen Dank dafür. Das bedeutet mir sehr viel!

Ich weiß nicht, wie es dir geht: Aber ich bin bereit für neue Abenteuer. Und ich bin verdammt gespannt, was kommen wird.

Deine Annabel

Danke

Chapeau, dass du bis hierher gekommen bist und dir noch meine Danksagungen gönnst!

Ohne die untenstehenden Personen wäre dieses Buch nicht entstanden. Mein Herz ist gefüllt mit Dankbarkeit über die Menschen in meinem Leben, die mich auf meiner Buchreise begleitet, unterstützt und angefeuert haben. Ihr seid Helden!

Danke Lieblingsmensch für deine verrückte Idee damals, einen Kastenwagen zum Wohnmobil auszubauen. Danke für deinen Rückenwind bei diesem Buchprojekt und dass du dich dafür so oft zurückgestellt hast. Danke, dass wir gemeinsam durch dieses wunderschöne und wilde Leben fahren.

Danke Mini O, dass du dich während des gesamten Schreibprozesses in der Trage zwischen meinem Bauch und dem Laptop wohlgefühlt hast. Du bist ein echtes Buch-Baby und darauf bin ich verdammt stolz. Danke, dass du bist!

Danke Klein P für jeden einzelnen Kilometer, den du im Autositz mit uns gereist bist. Du bist und bleibst mein Vanlife-Baby, worüber ich dankbarer nicht sein könnte. Danke, dass du bist!

Danke Knut für deine Treue. Du wirst immer einen festen Platz in meinem Herzen haben.

Danke Stefan und dem gesamten Brunnen Verlag für die Möglichkeit, dieses Buch zu schreiben. Es ist nun schon das zweite Mal, dass du mir die Tür für eine grandiose Möglichkeit eröffnest, Stefan. Danke, dass du mich im Blick hattest und hast. Ring frei für Runde drei!

Danke an meine Eltern, ohne die ich nicht wäre. Ich bin beeindruckt, wie viel Interesse ihr mir und meinem Lebensweg immer wieder entgegenbringt. Danke, dass ihr Vorbilder für mich seid. Danke für eure unglaubliche Unterstützung.

Danke an meine Schwiegereltern für die unermüdliche Hilfe bei unserem Vanausbau und vor allem für die viele Unterstützung mit den beiden Jungs während meiner Schreibphase.

Danke Marlene für jeden angefangenen Gedanken, den ich gemeinsam mit dir zu Ende spinnen durfte und für jede Idee, die du mir mit auf den Weg gegeben hast. Danke für dein Mitfreuen, Mitfiebern und die vielen Sekt-Momente in unserer Freundschaft.

Danke Hannah für deine ausdauernden Gebete, egal in welcher Phase ich mich befinde.

Danke an Alyssa, Flo, Franziska, Gero, Jenni, Katharina, Manuela, Marlena, Mirjam, Rebecca und Timo: Eure Stimmen machen dieses Buch zu etwas Einzigartigem. Danke für die inspirierenden Gespräche und Wortbeiträge. Danke für die entspannte Zusammenarbeit.

Danke an Christina für das wunderschöne Foto auf der Titelseite. Du hast es drauf!

Danke den vielen Youtubern, die vor uns ein Ausbauprojekt gestartet und ihr Wissen for free mit uns geteilt haben. Ihr seid großartig.

& Danke Gott. Danke für die Leidenschaften, die du mir ins Herz gelegt hast. Danke für dieses wilde und bunte Leben, das ich gestalten darf. Und danke, dass Du immer an meiner Seite bist.

PLATZ FÜR DEINE ERKENNTNISSE